La nouvelle religion du numérique

Collection « Versus »

La collection « Versus » a pour objectif de débattre des questions et controverses que les organisations et leur gestion posent à l'ensemble de la société. Pour ce faire, Versus rassemble un ensemble d'ouvrages pluridisciplinaires ayant pour objet de mettre au jour et donner à voir des ruptures et alternatives possibles à la pensée managériale. A ce titre, les auteurs de ces ouvrages pourront engager des discussions sur les fondamentaux des sciences de gestion, développer des réflexions sur les principes et les pratiques du management, présenter de nouveaux rapports au terrain afin d'appréhender la complexité organisationnelle. En sorte, se dresser face à une certaine orthodoxie managériale en proposant des sorties de cadre fertiles, en permettant l'émergence de voix constructives à la gestion des organisations...

Afin d'assurer une cohérence éditoriale et de garantir un regard scientifique, chaque manuscrit proposé fera l'objet d'une relecture constructive par trois membres du comité de lecture avant publication.

Collection « Versus »

La nouvelle religion du numérique

Le numérique est-il écologique ?

Florence Rodhain

éditions ems MANAGEMENT & SOCIETE

Libre & Solidaire

« Je suis athée, Dieu merci ! »
Georg Christoph Lichtenberg

À Angélique

Éditions Libre & Solidaire
19 rue Ballu
75009 Paris
Téléphone : 01 48 74 15 23
contact@libre-solidaire.net
www.libre-solidaire.fr

Éditions Management et Société
136 boulevard du Maréchal Leclerc
14000 Caen
Téléphone : 02 31 35 76 95
editions@editions-ems.fr
www.editions-ems.fr

ISSN : 2270-695X

ISBN Éditions EMS : 978-2-37687-292-4

ISBN Éditions Libre et Solidaire : 978-2-37263-058-0

Sommaire

Partie 2

Conclusion

Postface

Remerciements

Merci aux deux relecteurs qui ont apporté leur caution scientifique à cet ouvrage pour les Éditions EMS, pour leurs remarques et suggestions : Françoise Berthoud, directrice du groupe EcoInfo au CNRS, coordinatrice de l'ouvrage : *Impacts écologiques des Technologies de l'Information et de la Communication – Les faces cachées de l'immatérialité*, et François Deltour, Maître de conférences à l'École des mines Télécom IMT Atlantique, co-auteur du livre : *Peut-on croire aux TIC vertes ?*

Merci aux deux éditeurs qui ont accepté l'aventure de la coédition, pour leur enthousiasme et leur soutien : Jean-Paul Barriolade (Libre & Solidaire) et Gaël Letranchant (Éditions EMS), et bien entendu Eric Rémy, directeur de la collection Versus aux Éditions EMS, pour sa ferveur et son engagement.

Merci à Caroline pour le dessin de première de couverture, à J.-P., à Yves et à Christophe.

Enfin, un merci spécial à Angélique sans qui cet ouvrage n'aurait jamais vu le jour.

Introduction

Adieu la logique avec le numérique, exit la rationalité scientifique...

Un exemple ?

De nombreuses écoles au niveau post-bac délivrent une tablette aux étudiants de première année, le plus souvent un iPad. Voici, sur une 1 heure 30 de cours, l'utilisation *réelle* de ces tablettes[1] :

Ainsi, la tablette se révèle être un formidable outil de distraction : sur 90 minutes de cours, les étudiants l'utilisent pendant 61 minutes pour jouer, chatter, consulter Facebook, etc., et seulement 16 minutes pour suivre le cours, prendre des notes, ou bien consulter leur emploi du temps, ce qui représente une répartition en pourcentage de type 20-80 (voir graphiques 1 et 2) :

1. D'après les travaux d'une de mes doctorantes qui a passé 1 600 heures à observer, de façon anonyme (étant assez jeune pour se faire passer pour une étudiante comme les autres...) le comportement des étudiants en classe (voir Kakavand S., Fallery B. et Rodhain F. (2016), « Utilization of Mobile Application in Education and Increase of Social Inequalities », *Proceeding of 6th LAEMOS Colloquium on : Subverting organizations : Reflecting on aims, meanings and modalities of organizing*, April 6-9, Viña del Mar, Chile, 12 p.) et la thèse soutenue en 2018 sur ce sujet : Kakavand S. (2018), *The University's Strategy behind the Implementation of Mobile Technology in Education and User Adaptation*, Université de Montpellier, sous la direction de Rodhain F. et Fallery B.

Graphique 1 : Utilisation de l'iPad pendant un cours de 1 h 30 (basé sur 1 600 heures d'observation du comportement des étudiants dans des écoles d'enseignement supérieur)

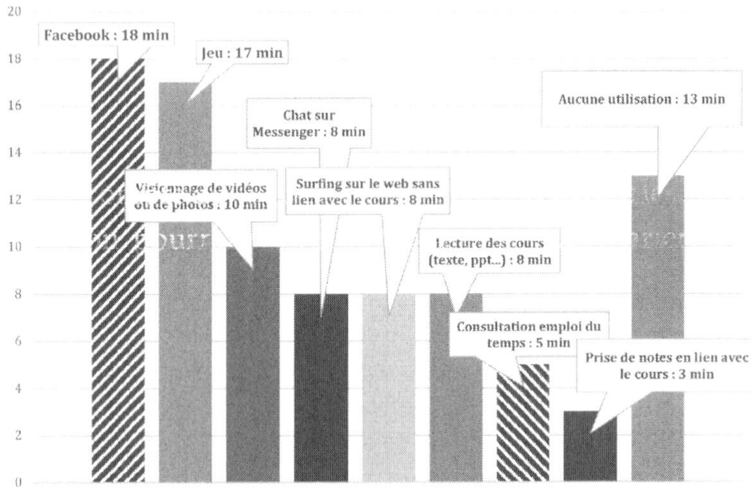

Graphique 2 : Répartition du temps d'utilisation de l'iPad en cours en pourcentage (basé sur 1 600 heures d'observation du comportement des étudiants dans des écoles d'enseignement supérieur)

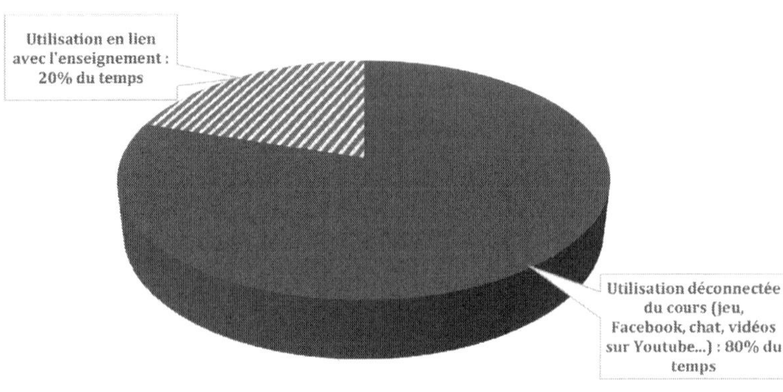

Allez présenter de tels chiffres aux décideurs ! Allez leur dire, preuve à l'appui, que leurs étudiants, désormais, grâce à la tablette gracieusement fournie, passent, sur 1 h 30 de cours, 25 minutes à jouer, 15 minutes à surfer sur Facebook, 10 minutes à regarder des photos ou vidéos, etc.

Dans un monde gouverné par la logique cartésienne, on remettrait en cause l'utilisation de cet outil, on interrogerait son utilité, son efficacité, de façon froide, distante, sereine.

Dans le monde réel, la pensée magique entre en scène : la tablette ne fonctionne pas ? L'inquisition cherche les coupables : quid de l'enseignant, qui, décidément, fait si peu d'effort pour s'adapter au nouveau monde ? Voilà un parfait hérétique à clouer au pilori, lorsque contrition et allégeance au Dieu numérique font défaut.

Puisque la tablette n'a pas fonctionné, eh bien, c'est logique, on va « faire encore plus de la même chose »[2], introduire plus de tablettes, mieux expliquer aux enseignants ce qu'ils n'avaient pas dû bien comprendre à première vue, utiliser des stratégies pour lutter contre ce qu'on nomme la « résistance au changement », etc. jusqu'à ce que ça fonctionne, car ça doit fonctionner, puisque c'est écrit...

C'est ce que nous avons pu constater dans les établissements d'enseignement supérieur étudiés où les tablettes ont été introduites : lorsque l'outil ne fonctionne pas, cela conduit à inciter encore et toujours plus à utiliser l'outil, comme si l'outil en lui-même, protégé par l'opération du Saint-Esprit, était intouchable.

Un argument invoqué par les directions : fournir des outils numériques à chaque étudiant contribuerait inéluctablement au « développement durable », entendu au sens de « protection de la planète ». Lorsque, toutes preuves à l'appui, le lien est démonté, les Directions, elles, ne se démontent pas et changent leur fusil

2. Pour reprendre l'expression de l'école de Palo Alto qui a, entre autres, introduit les notions de changements 1 et 2, présentées en conclusion (voir : Watzlawick P., Weakland J. et Fisch R., *Changements*, Editions du Seuil, 1975).

d'épaule, adoptant une nouvelle stratégie en adaptant le discours sans changer les pratiques : si l'outil n'est pas introduit sous prétexte de « développement durable », il sera introduit sous prétexte « d'innovation pédagogique ». Autre tarte à la crème tout aussi indigeste. Et si l'argument est démonté, un autre sera trouvé : introduisons-les dans l'optique de réduire la fracture numérique pour un public d'étudiants d'origines variées. L'argument de l'attractivité de l'école dans un contexte où les notions de compétitivité et de marchandisation du savoir entrent dans les mœurs n'est pas revendiqué. Cette justification n'est pas encore pleinement assumée, surtout si l'école en question se situe en milieu universitaire français, où la majorité des enseignants-chercheurs est attachée à une vision noble de la connaissance, considérée comme un bien commun qui devrait être à l'abri des logiques du marché.

La logique paraît illogique… À moins de poser sur son nez la paire de lunettes qui permet de voir le monde à travers le prisme de la primauté du système capitaliste. Avec cette paire de lunettes, l'essor du numérique et les injonctions à en faire feu de tout bois prennent tout leur sens.

Même logique illogique à l'origine du « développement *durable* » : le *développement* ne fonctionne pas ? le *développement* conduit, entre autres, à des dérégulations écologiques majeures, parfois inéluctables ? Qu'à cela ne tienne, au lieu d'interroger froidement le concept de développement, continuons à nous développer, ne changeons pas de direction, modifions juste un peu les mots à défaut de soigner les maux, en ajoutant le mot *durable*. Tout est bon à prendre, dès l'instant où le développement n'est pas remis en cause. « *Le développement durable ? C'est une pensée crétinisée qui met de la vaseline au mot de développement dont elle ne reconnaît pas les carences* »[3] énonçait facétieusement Edgar Morin.

3. Déclaration d'Edgar Morin le 25 novembre 2009.

Ce sont bien les mêmes logiques illogiques qui sont en jeu : puisque le développement ne fonctionne pas, optons pour *Plus* de développement, et pour faire passer la pilule, accolons le mot « durable » à celui de « développement », quitte à créer un oxymore. La tablette ne fonctionne pas ? Optons pour *Plus* de tablettes, renouvelons, étendons, pérennisons l'opération et incitons encore plus étudiants et enseignants à l'utiliser.

Sonnez les cloches, entrez paroissiens pour vénérer le Dieu numérique... entrez dans cet espace où la rationalité n'a plus droit de cité.

La notion de « Développement durable » et les injonctions à se diriger vers le « tout numérique » sont à rapprocher l'une de l'autre. Toutes deux sont l'objet de manipulations, où la perversité s'invite, car les véritables motifs sont cachés : cachée la tentative de sauvegarder coûte que coûte le développement qui nous entraîne vers le chaos, caché le fait que précisément le numérique est utilisé pour entretenir les logiques de développement, caché le fait que l'enfant est désormais considéré comme un consommateur plutôt que comme un apprenant...

On l'aura compris, cet essai se veut pamphlet, étayé par la vulgarisation scientifique, délaissant le jargon académique, optant pour une phraséologie plus démocratique.

L'idée majeure développée dans cet ouvrage est que la pensée magique accompagne le développement fulgurant du numérique dans nos sociétés. La prise de recul n'est plus autorisée, les froides analyses scientifiques balayées. Pire, la pensée dominante voudrait nous faire accroire que le numérique est associé à l'écologique, alors même que les données scientifiques disponibles ne permettent pas d'affirmer un tel propos.

L'objectif de cet ouvrage est de déconstruire cette pensée magique, en basant l'argumentation sur des données scientifiques résultant de nos travaux de recherche universitaires ainsi que sur ceux de l'ensemble de la communauté scientifique internationale.

La première partie de l'ouvrage traite du lien entre écologie et numérique. L'industrie des Technologies de l'Information et de la Communication est un des secteurs industriels les plus polluants de la planète[4], bien loin de l'image d'Épinal d'*immatérialité* qui lui colle à la peau. Nous avons fait le choix de traiter quelques thèmes sensibles (production de CO_2, déchets...) de façon la plus concise possible, en nous efforçant de rendre digestes et accessibles les informations scientifiques disponibles sur le sujet.

La seconde partie contextualise le propos, développe l'idée de la religiosité attachée au numérique, l'ancre dans l'espace-temps qui est le nôtre, où le Dieu numérique représente une aubaine, vient à propos dans une société de consommation exposant des signes d'essoufflement.

Ce Dieu-là est plus que compatible avec la société de consommation, il peut lui accorder un second souffle. Surtout si les citoyens entrent sans broncher dans les ordres ; il s'agit pour l'instant de vœux de transparence, plus tard de soumission et d'obéissance. Si l'individu est béat devant la beauté des nouvelles icones religieuses (une jolie pomme rouge par exemple), c'est gagné : la consommation suivra. Les dirigeants ne s'y trompent pas, eux qui poussent les consommateurs à entrer en religion dès l'âge le plus tendre. Ainsi, une pluie d'incitations n'a de cesse de tomber sur les éducateurs dans l'optique de les convertir au numérique. L'argent, comme par miracle, coule à flot dans les écoles, lycées, universités, quand il s'agit d'équiper les classes au tout numérique. Cet afflux de moyens en temps de « crise » est aussi remarquable que la multiplication des pains. Les apôtres du numérique siégeant dans les ministères s'efforcent de former une armée d'abbés chez les enseignants, de

4. Groupe CNRS EcoInfo (2012), *Impact écologiques des Technologies de l'Information et de la Communication. Les faces cachées de l'immatérialité*, coordonné par Berthoud F., EDP Sciences, 222 p.

l'université à la crèche. C'est bien connu, plus tôt l'esprit est soumis à une doctrine, plus il y a de chance que celle-ci prospère.

La poussée est irrésistible...

Certes...

Est-ce que ce constat doit nous inciter à avancer au pas la bouche ouverte ? Puis avaler l'ostie en baissant les bras et la tête ? Bien au contraire ! C'est un argument supplémentaire pour raison garder. Débusquons les ressorts de l'essor du numérique. Sortons de l'acceptation béate, refusons d'avancer tels des bovidés, fermons la bouche, relevons la tête et surtout ouvrons les yeux.

Mode d'emploi : comment lire cet ouvrage ?

Pollution, déforestation, consommation d'électricité en constante augmentation, recyclage à l'abandon, impact sur la santé, pays pauvres submergés par les déchets, augmentation de la consommation de papier, gaspillage des ressources rares... nous avons fait le pari, dans cet ouvrage, de traiter différents thèmes comme autant « d'entrées indépendantes », tout en travaillant à l'harmonie de l'ensemble.

Cet ouvrage peut s'appréhender de différentes façons, une lecture linéaire classique n'étant pas la seule voie proposée ; il est tout à fait possible de surfer d'un thème à l'autre, comme d'une partie à l'autre, l'intérêt étant de pouvoir y naviguer à sa guise, en fonction de ses sources d'intérêt.

La première partie a été pensée pour les lecteurs en recherche d'efficacité, friands de courtes chroniques, souhaitant aborder des thèmes particuliers de façon précise, documentée et succincte, de manière à pouvoir abreuver leur réflexion à cette source de questionnement en quelques minutes seulement.

Chaque thème étant indépendant, il n'est pas indispensable de suivre l'ordre des chroniques proposé, on peut sillonner et « cliquer » à loisir sur l'une ou l'autre thématique.

La seconde partie, plus classique, offre un élargissement du champ de réflexion, pour replacer les chroniques dans leur contexte économique, politique et social. Le lecteur disposant d'une étendue temporelle plus lâche, trouvera sans doute plus de sens à débuter la lecture par cette seconde partie pour ensuite revenir à la première et finir par la conclusion.

Le lecteur est donc invité à « picorer » ce livre en fonction de ses centres d'intérêt, envies, attraits, disponibilités...

Partie 1

Le numérique est-il écologique ?
Courtes chroniques

Chronique 1. Surfer sur l'information, voler en avion : même pollution ?

Le numérique émet... plus de CO_2 que l'aviation civile[1].

À partir de 2007, les TIC ont commencé à produire autant de CO_2 que l'aviation[2] . Depuis, l'écart s'est creusé. Désormais, le numérique émet un tiers de CO_2 de plus que le transport aérien... En 2020, le numérique dégagera autant de CO_2 que l'Inde en 2015 (dont on sait que ses 1 milliard 300 millions d'habitants consomment essentiellement des énergies fossiles)... En 2025, le numérique devrait répandre quasiment trois fois plus de CO_2 que l'aviation et rejoindre alors le même niveau d'émission que l'ensemble du transport routier léger : autos, motos...

Cette comparaison entre le numérique et l'aviation, effectuée il y a déjà plus d'une décennie, est-elle vraiment présente dans les esprits ?

À la cafétéria de l'université, deux étudiants en informatique, ordinateurs portables sur les genoux, surfent sur leur tablette et rédigent à la sauvette quelques MMS. Soudain, l'un s'exclame dans une voix de tempête pour percer la barrière des oreillettes de son camarade branché sur Deezer : « *Incroyable, je viens de recevoir un mail de Pierre, il est parti à New York pour fêter ses 20 ans ; il n'a pas peur pour son empreinte écologique !* ».

La notion d'empreinte écologique, apparue pour la première fois en 1992[3], a rapidement été assimilée et intégrée dans le vocabulaire courant.

1. « Pour une sobriété numérique » (2018), rapport, The Shift Project, octobre, 88 pages.
2. Gartner Group (2007), http://www.gartner.com/newsroom/id/503867
3. Rees W. (1992), « Ecological Footprints and Appropriated Carrying Capacity : What Urban Economics Leaves Out », *Environment and Urbanization*, vol. 4, n° 2, p. 121-130.

Certains sites proposent aux utilisateurs de calculer en ligne leur empreinte écologique, et, la plupart du temps, ce sont les kilomètres parcourus en avion qui font grimper en flèche l'empreinte écologique individuelle. Dans ces simulateurs, l'utilisation des TIC, pourtant aussi polluante que l'aviation, est absente. C'est bien dommage. Eu égard à l'empreinte écologique globale du numérique, n'est-il pas urgent de les intégrer aux calculs ?

Nos deux étudiants dans la cafétéria, condamnant leur collègue utilisant l'avion, ont-ils conscience de la pollution liée à l'utilisation de leur PC, tablette, smartphone, etc. ?

Savent-ils que, pour chaque requête émise sur Google, ils émettent environ 7 g de CO_2 ? Y pensent-ils au moment où Pierre arrive à l'aéroport ? Savent-ils que, pour chaque courriel envoyé (sans pièce jointe), ils produisent environ 20 g de CO_2 ? Y pensent-ils lorsque Pierre prend place dans l'avion ? Ont-ils pris la précaution, avant de condamner Pierre, de calculer le poids de leur émission individuelle annuelle de CO_2 en lien avec leur utilisation intensive du numérique ?

Peuvent-ils, au final, se considérer plus vertueux ? Sans doute, non…

… à moins que…

… Pierre, au moment d'attendre l'avion, surfe dans l'aéroport puis envoie des MMS ; pendant le vol, joue à des jeux vidéo, visionne des films sur sa tablette et révise ses cours sur son PC ; puis, dès l'atterrissage, contacte ses amis par téléphone. Alors, là, oui, son empreinte écologique risque de prendre encore plus d'altitude…

Chronique 2. Ordinateur pour table. Comment nous mangeons nos PC

Attention à l'indigestion : quel que soit le menu, nous absorbons des ordinateurs... à notre insu bien entendu.

Nous dirigeons-nous vers un cyber-estomac ?

Le taux de récupération des déchets électroniques dans le monde se rapproche de 20 %.

Que deviennent les 80 % restants ? Ils sont incinérés, ou bien recouverts sans prétraitements, ou encore exportés dans les pays du Sud.

L'eau de pluie, faisant office de ménagère, s'emploie sagement et méthodiquement à lessiver les produits toxiques contenus dans les ordinateurs simplement déversés dans les décharges (arsenic, antimoine, oxyde de baryum, béryllium, cadmium, chlore, brome, plomb, lithium, mercure, phosphores, etc.).

Or, un seul gramme de mercure suffit pour polluer un mètre carré de terre ou 1 000 mètres carrés d'eau pendant 50 ans.

Une partie de ces substances pollue les cours d'eau et pénètre dans la nappe phréatique. Un échantillon de la rivière Lianjiang, proche d'un village de recyclage en Chine, s'est révélé contenir un taux de plomb 2 400 fois plus élevé que les standards préconisés par l'OMS[1]. Une autre analyse d'échantillon, de sol, dans la région de New Delhi où sont incinérés des déchets électroniques, a révélé une telle quantité de plomb et de mercure qu'elle empoisonnera le sol pendant au moins... 500 ans ![2]

1. Flipo F. Draetta L., Boutet A. et Deltour F. (2007), *Écologie des infrastructures numériques*, Editions Hermès Science, Paris, 228 p.
2. Rodhain F. et Fallery B. (2010), « Après la prise de conscience écologique, les T.I.C. en quête de responsabilité sociale », *Actes du 15e Congrès de l'AIM*, juin, La Rochelle, 28 p.

Au nez et à la barbe des agriculteurs locaux, l'eau polluée alimente la croissance des fruits et légumes de proximité, poussant dans un sol intoxiqué. L'eau de pluie se charge d'atteindre les cultures les plus éloignées.

Qu'on se le dise, il y en aura pour tout le monde ! Car, avec une panoplie toujours renouvelée d'outils numériques, une obsolescence toujours accrue et une durée de vie toujours décrue des outils, les déchets informatiques croissent plus vite que les légumes.

Chronique 3. « Le Wi-Fi m'a tuer ». Confession d'un spermatozoïde

L'utilisation d'ordinateurs portables connectés à Internet *via* le Wi-Fi détruit les spermatozoïdes et détériore leur ADN. C'est ce qu'a découvert une équipe de chercheurs argentins dans une recherche originale et pionnière, publiée dans le journal scientifique *Fertility and Sterility*[1].

Le protocole de l'étude est assez simple : 29 hommes ont accepté de fournir un échantillon de leur sperme. La semence a été placée sous un ordinateur portable connecté à Internet *via* le Wi-Fi. Au bout de 4 heures, un quart du sperme était détruit et 9 % avait subi des dommages sur leur ADN.

En comparaison, la même semence conservée à la même température, mais placée loin de l'ordinateur n'a montré que 14 % de destruction et 3 % de dommages pour l'ADN.

Pour vérifier que les changements étaient bien dus au Wi-Fi et non à l'ordinateur portable, les chercheurs ont également placé des échantillons sous un ordinateur portable sans connexion Wi-Fi. Dans ce cas, aucune différence statistique n'a été relevée avec le sperme tenu loin de l'ordinateur. C'est donc bien le Wi-Fi qui est la cause de l'accélération des dommages causés à l'ADN et au sperme.

Les auteurs concluent leur article en spéculant que conserver son ordinateur portable sur les genoux près des testicules est susceptible de réduire la fertilité masculine. Ils suggèrent également de plus amples recherches pour confirmer ou infirmer leurs résultats.

1. Avendano C., Mata A., Sanchez Sarmiento C.A. and Doncel G.F. (2012), « Use of laptop computers connected to internet through Wi-Fi decreases human sperm motility and increases sperm DNA fragmentation », *Fertility and Sterility*, vol. 97, n° 1, p. 39-45.

Deux experts ont commenté cette recherche dans le journal scientifique *European Urology*[2]. Ils félicitent les auteurs d'avoir mené la toute première étude scientifique sur le lien direct entre le Wi-Fi des ordinateurs portables et le sperme et plaident eux aussi pour de nouvelles recherches dans ce domaine.

On peut s'interroger sur le fait que si peu d'études soient menées sur un tel sujet de santé publique alors que, par ailleurs, le protocole expérimental semble peu contraignant et peu onéreux[3].

Hâtons-nous de mener de nouvelles études, avant que n'aient tout à fait disparu les cobayes capables de fournir la précieuse semence ! Ou bien congelons vite notre sperme et allons gaiement nous faire une idée personnelle sur la question en nous connectant à Internet *via* le Wi-Fi, ordinateur portable sur les genoux...

2. Choy J.T. and Brannigan R.E. (2012), « Words of Wisdom. Re : Use of Laptop Computers to Internet Through Wi-Fi Decreases Human Sperm Motility and Increases Sperm DNA Fragmentation », *European Urology*, vol. 62, n° 6, p. 1196-1197.
3. Précisons toutefois que des recherches proches de la thématique ont depuis été menées, mais sur des rats de laboratoire et non pas directement sur les humains. Cela est regrettable étant donné le caractère reproductible de l'expérience initiale avec des hommes, et l'importance en recherche de pouvoir confirmer ou infirmer les résultats des pairs – voir par exemple : Owjfard M. et Fard MS. (2017), « Effects of long-term exposure to radiofrequency radiations emitted by mobile Jammers on reproduction parameters in rats », *Asian Pacific Journal of Reproduction*, vol. 6, p. 164-171.

Chronique 4. Le vocabulaire de la novlangue numérique décrypté : Nuage (*cloud*) de données Avis de plafond bas

« La guerre c'est la paix » pouvait-on lire dans l'État totalitaire imaginé par Orwell dans *1984*. « Prenez le temps d'aller vite » nous suggère aujourd'hui la SNCF...

Pour assurer sa dictature, Big Brother, dans *1984*, utilise – entre autres – le pouvoir de la langue ; il en crée une nouvelle : la novlangue[1]. Les mots de ce vocabulaire sont chargés idéologiquement, les euphémismes sont légion.

Ainsi, le ministère de la Paix cultive la guerre, le ministère de l'Amour pratique la torture, le ministère de la Vérité falsifie les archives (surtout journalistiques) pour les rendre conformes aux injonctions de Big Brother.

En 2019, le monde du numérique est présenté comme un monde de « l'immatériel ».

Immatériel, l'ordinateur portable utilisé pour commander un livre sur Amazon ? Immatérielles, les ressources rares extraites des sols pour le fabriquer ? Immatériel, l'ordinateur démodé délaissé dans une décharge ?

Au contraire de ce que suggère la notion de *société de l'immatériel*, tout est matériel dans cette société.

« La liberté c'est l'esclavage » serinait-on dans la société où Big Brother sévissait.

1. Précisons que dans la nouvelle traduction de *1984* sortie chez Gallimard en 2018, la « novlangue » devient le « néoparler », d'après le parti pris de la traductrice Josée Kamoun.

Dans la même veine, le numérique permettrait la « dématérialisation ». On « sortirait » de la matière grâce au numérique. Or, le journal lu sur le Web est matériel. Certes, il n'est pas composé de matière papier, mais de matières souvent plus rares, et surtout, à l'inverse du papier, non renouvelables.

Tout ce qui a trait au monde du numérique a trait à un univers matériel... un univers qui, pour fonctionner, a besoin de ressources matérielles... un univers qui, une fois les ressources matérielles consommées, transforme ces ressources en déchets, toujours bien matériels...

S'imaginer que l'avatar avec lequel l'enfant joue sur Internet est entièrement « virtuel » est pernicieux : cela peut véhiculer l'idée d'une faible empreinte écologique. Or, se divertir en ligne avec un avatar est énergivore et épuisant du point de vue de la planète, alors que courir après un ballon est sans doute épuisant du point du vue de l'enfant mais bien moins nocif pour la planète... L'illusion de la « virtualité » éloigne de la compréhension de la dégradation des éco-systèmes liés au numérique et donc de la prise de responsabilité face à cette réalité.

Partons alors pour un petit voyage dans le monde linguistique de l'espace numérique, en commençant par la plus poétique des inventions numériques : l'évocation de l'informatique en « nuage » (version française), soit le « *cloud* » *computing* (version anglophone), ou encore l'informatique « nuagique » (version québécoise).

Si vous choisissez le « *cloud computing* », vos données, au lieu d'être stockées sur votre ordinateur, voguent dans le « nuage » (*cloud* en anglais). Où que vous soyez dans le monde, vous pouvez y accéder avec le support de votre choix ; il suffit de vous connecter à Internet.

Le « *cloud* » suggère l'idée de non-matérialité, de vaporescence, de données qui planent dans les airs... Alors que la réalité est tout autre. Les données sont bien matérielles, réelles, emprisonnées dans un endroit bien précis, au ras des pâquerettes.

Prenez l'avion, l'hélicoptère, la montgolfière ou montez au sommet de l'Everest ; une fois là-haut, je vous mets au défi d'y trouver vos données. Par contre, arrivé au sommet, si vous êtes muni d'une bonne paire de jumelles, vous pourrez peut-être observer, au sol, étendus sur quelques hectares, d'immenses hangars – des « fermes de données » – où vos informations sont peut-être stockées.

Car vos données ne planent pas dans les airs ; elles sont enfermées au ras du sol. Et ce stockage nécessite une énergie considérable, source de pollution.

Une ferme de données regroupe d'immenses hangars renfermant des milliers de serveurs, de fils, de puces, d'écrans... Ces serveurs fonctionnent 24h/24, ce qui nécessite une importante source énergétique, d'autant plus qu'il est indispensable de les refroidir en permanence. Les besoins en électricité de certaines fermes sont aussi élevés que les besoins de 250 000 foyers européens[2], soit la taille de la ville de Nantes.

Si les entreprises ont en tête de réduire leur facture électrique pour des raisons économiques, elles ne s'intéressent encore que trop peu, dans leur majorité, à la provenance de l'électricité et donc au CO_2 émis : « *De nombreuses entreprises high-tech, d'ordinaire à la pointe du progrès, ont décidé d'alimenter leurs* data centers *dernier cri avec des énergies d'un autre âge, provenant d'installations parmi les plus polluantes de la planète* » peut-on lire dans un rapport de Greenpeace. Et le rapport de classer les entreprises qui ont recours aux énergies sales et propres, et d'épingler Apple classée en tête pour la consommation de charbon (55,1 % de consommation de charbon, 27,8 % d'énergie nucléaire, et seulement 15,3 % d'énergie propre) tandis que Yahoo et Dell sont les plus gros consommateurs d'énergie propre (respectivement 56,4 % et 56,3 %).

2. Greenpeace (2012 et 2015), « Votre Cloud est-il Net ? », Rapport, avril 2012 et mai 2015 (2015 « Update : A Guide to Building the Green Internet », 74 p.).

Si le nuage est noir, comment y retrouver ses données ? C'est pourtant ce qui se passe avec une consommation accrue de charbon, source de pollution et d'accélération du réchauffement climatique.

Il est donc temps de nettoyer le nuage. Une bonne pluie s'impose.

En attendant, si votre enfant est étourdi, ne lui dites plus qu'il a la tête dans les nuages ; qui pourrait souhaiter à quelqu'un d'avoir les neurones emprisonnés dans de noires fermes de données réfrigérées ?

Chronique 5. Le vocabulaire de la novlangue numérique décrypté : La « société de l'immatériel » Quand l'immatériel offre matière à réflexion

Imaginez le décongelé d'*Hibernatus* (film où Louis de Funès occupait le premier rôle) réouvrant les yeux en 2019, après un siècle de sommeil.

Notre *hiberné* tombe par hasard sur cette photo :

Source : © Family Business – Adobe Stock

Louis de Funès n'a aucun mal à commenter cette photo : nous vivons désormais dans la *société de l'immatériel*, où le *virtuel* est roi, et la *dématérialisation* maîtresse.

Est-ce parce que les neurones de l'*hiberné* ont trop longtemps côtoyé la glace qu'ils restent complètement hermétiques aux explications de Louis de Funès ?

Pourquoi certaines personnes éprouvent-elles tant de mal à comprendre cette notion d'*immatériel* ? Peut-être parce qu'elles sont ignorantes. Étrangement, on retrouve surtout cette incompréhension dans les pays pauvres où l'éducation fait défaut.

Faites l'expérience et vous verrez : allez interroger un petit Chinois, un petit Indien ou un petit Africain dans un village reculé où il désosse des ordinateurs sans protection à mains nues, tous feront preuve d'une accablante ignorance. Parlez-leur d'*immatériel*, ils vous riront au nez. C'est pourtant grâce à la *société de l'immatériel*, à la *dématérialisation* et au *virtuel* que ces enfants gagnent leur vie, qu'ils ont les mains dans le cambouis. Quand on a le nez dans le guidon, devient-on incapable de s'élever pour admirer la beauté des notions ?

Dans toutes mes pérégrinations, je n'ai trouvé qu'un seul interlocuteur qui ait compris toute la subtilité du mot « immatériel ». C'était dans un port en Inde, une nuit où même la Lune n'osait pas sortir. Un cargo est arrivé, d'un pays riche, au loin… un de ces pays si petit qu'on ne trouve pas la place pour y stocker les déchets.

Il voulait délester son contenu (déchets informatiques) sur le port, où il serait vite récupéré par tout un système organisé. Problème : il fallait montrer patte blanche, et tout n'était pas en règle…

La Convention de Bâle interdit l'envoi des déchets électroniques dans les pays « en voie de développement ».

Bon, d'accord, les États-Unis n'ont pas signé la convention, mais ce n'est pas le seul pays qui ne possède de place que pour consommer… et pas pour stocker ses déchets…

Qu'a fait le douanier indien face de cette difficulté ? Avec un peu de matière grise, il a vite compris l'intérêt qu'il avait à tirer de cette matière informatique. En échange de quelques liasses de matières vertes imprimées, il a tout simplement déclaré l'arrivée du cargo entièrement virtuelle, et toute la matière qu'il contenait indubitablement immatérielle.

Enfin, je rencontrai un adepte de la *société de l'immatériel*... Il paraît qu'on en rencontre particulièrement dans les pays où la corruption fait rage, où les salaires des fonctionnaires (douaniers, policiers...) ne leur permettant pas de vivre correctement, la tendance à profiter de ses petites parcelles de pouvoir est tentante ; comportement bien assimilé par les pays riches...

Voilà, vous avez désormais en main tout le matériel pédagogique pour expliquer à vos jeunes enfants qu'ils sont nés dans la *société de l'immatériel*. S'ils ne comprennent pas après ces explications, c'est à désespérer de leurs capacités intellectuelles. Dernier espoir : tenter une greffe de circuits imprimés dans leur boîte crânienne pour infuser l'idée d'immatérialité...

Chronique 6. Le vocabulaire de la novlangue numérique décrypté : Le « virtuel » Bienvenue dans la société de matérialisation de la pensée

Avec le numérique, nous serions passés à l'ère du « virtuel », grâce à la « dématérialisation », dans une société de la connaissance devenant de plus en plus « immatérielle ».

Sommes-nous vraiment dans une société devenant plus virtuelle ?

N'est-ce pas exactement l'inverse qui est en train de se dérouler sous nos yeux ?

Imaginez que vous êtes en train de réfléchir à un « post » que vous souhaitez publier sur votre compte Facebook. Vous écrivez... vous vous corrigez... vous réfléchissez... finalement une fois votre post achevé, vous décidez de ne pas le publier : il ne vous satisfait pas, car il risque de créer une polémique, ou alors il vous paraît mal rédigé, ou encore il a été conçu sur le coup de la colère et une fois l'émotion dévastatrice dissipée, ce post devient inopportun.

Pensez-vous que ce post, que vous n'avez jamais publié, ait disparu à jamais dans les airs ?

Non.

Il est bien conservé quelque part par Facebook : deux auteurs ont étudié, à partir de ces posts « autocensurés », le comportement de 5 millions d'utilisateurs de ce réseau social[1].

1. « Auto-censure sur Facebook : le réseau social étudie ce que vous ne voulez pas publier », par Sandra Lorenzo, site de *Huffington Post*, 16 décembre 2013.

Dans quelle société était-il possible par le passé de « matérialiser » le cheminement de la pensée d'un individu, par ailleurs à son insu ?

On « matérialise » désormais grâce au numérique un nombre considérable d'informations qui demeuraient auparavant immatérielles.

L'humanité a connu une révolution avec l'invention de l'imprimerie qui a permis de démultiplier les possibilités de matérialisation de la pensée. Mais ce processus était maîtrisé par les écrivains.

Aujourd'hui, avec le numérique, nous assistons à une nouvelle révolution de possibilité de matérialisation de la pensée, qui se différencie de l'imprimerie par sa démocratisation, mais surtout par le processus de matérialisation qui échappe au contrôle des acteurs.

Pensez-vous qu'on puisse déduire votre profil psychologique à partir de l'utilisation de votre téléphone portable ?

C'est tout à fait possible.

Des chercheurs du MIT ont conçu un modèle permettant de déduire le profil psychologique BFI de n'importe quelle personne à partir des données enregistrées sur son téléphone portable[2].

Le test BFI (*Big Five Inventory*), inventaire de cinq grands facteurs de personnalité, est très connu et très utilisé. Tout un chacun peut déterminer son profil psychologique BFI à partir d'une batterie de questions[3].

Pour construire leur modèle, les chercheurs du MIT ont demandé à des étudiants d'effectuer le test BFI. Ils ont ensuite cherché à établir des corrélations entre les résultats du test et les centaines de milliers d'informations recueillies à partir de l'utilisation de leurs

2. De Montjoye Y.-A., Quoidbach J., Robic F. et Pentland A. (2013), « Predicting people personality using novel mobile phone-based metrics », *International Conference on Social Computing, Behavioral-Cultural Modeling, & Prediction*, Washington, États-Unis.
3. http://www.psychomedia.qc.ca/tests/inventaire-cinq-facteurs-de-personnalite

téléphones portables. Les études de corrélation ont mis au jour 36 indicateurs (parmi lesquels la diversité des contacts, le temps qu'un utilisateur met à répondre à un texto, la localisation...) permettant de déduire le profil psychologique BFI des abonnés.

Les opérateurs « matérialisent », à travers l'enregistrement instantané de données, une masse d'informations qui, depuis que l'homme est sur Terre, restaient jusqu'à présent immatérielles.

Où je me trouve et à quel moment de la journée, combien de temps je parle, avec quelle personne, quel type d'informations je lui transmets, quelle transaction j'effectue avec mon téléphone... Tout cela est « matérialisé », puis « stocké ». Tout cela existe sous forme réelle dans des mémoires numériques bien concrètes faites de matière sonnante et trébuchante : des ordinateurs, des écrans, des puces. Tout cet équipement exige d'innombrables matières fournies par la Terre – de l'eau, des produits chimiques, des matières rares, précieuses et épuisables ; des mémoires qui exigent, pour fonctionner, d'être sans cesse nourries avec de l'énergie électrique, et qui, une fois « jetées » vont s'entasser dans les décharges des pays en voie de développement.

Auparavant, une querelle entre deux chefs de village africains sous l'arbre à palabres ne laissait que quelques traces dans les mémoires collectives et finissait par s'évanouir avec les pluies lessivant l'écorce de l'arbre ancestral.

Aujourd'hui, la querelle que vous avez déclenchée sur un réseau social il y a deux ans et les mots agressifs que vous avez alors utilisés, et que vous regrettez, sont toujours visibles. La pluie aura beau tomber, elle ne saura pas trouver le chemin de ces données, bien protégées dans d'immenses hangars, dont la localisation est parfois tenue secrète.

Allez dire à l'arbre à palabres que nous sommes passés du matériel au virtuel... Il en a entendu, certes, des sottises, depuis qu'on a décidé de palabrer sous sa protection. Mais celle-ci risque de lui rester en travers du tronc. Car pour matérialiser toutes les pensées, querelles, paroles qui fusaient auparavant sous ses branches, presque la moitié des membres de sa famille éloignée a été décimée, pas loin, au Congo, car ses cousins avaient eu la mauvaise idée de pousser sur une terre renfermant du lithium, indispensable pour les batteries de nos téléphones portables...

L'arbre peut témoigner avec sa sève que nous sommes passés du virtuel au matériel, et pas l'inverse.

Les seules choses qui soient devenues virtuelles (puisque pour matérialiser il faut de la matière) c'est la beauté de la forêt sur la mine de lithium, c'est le cours d'eau exempt de déchets électroniques, ce sont les poumons pleins de vigueur de l'enfant ghanéen, qui, pour gagner 3 francs 6 sous pour alimenter son estomac avec des aliments infectés, brûle les composants des déchets électroniques déversés par les pays riches dans le cours d'eau tout près du marché...

Chronique 7. Le vocabulaire de la novlangue numérique décrypté : La « dématérialisation » Les TIC loin de l'antimatière présumée

Dans le langage du numérique, on parle de « dématérialisation » lorsqu'un document papier est transformé en document numérisé. L'exemple le plus connu est celui de la déclaration d'impôts, qui, plutôt que d'être envoyée sous forme papier par le courrier, peut être numérisée et envoyée *via* Internet.

Le mot « dématérialisation » suggère sans ambiguïté l'idée de « sortie » de la matière. La déclaration d'impôts que nous avons décidé de conserver sous format PDF plutôt que sous format papier est-elle exempte de « matière » ?

La matière est absolument partout pour faire vivre ce document PDF et l'envoyer à l'administration, et elle est très diversifiée : serveurs, écrans, claviers, puces électroniques, câbles... Le document en lui-même, loin d'être « évaporé », est matérialisé sous la forme de « 0 » et de « 1 » – la « codification » informatique qui permet de coder tous les signes du langage.

Par ailleurs, ce fichier, pour être consulté, contrairement au document papier, a besoin de matière : il faut alimenter l'ordinateur avec de l'électricité pour lire le document, électricité fournie, selon les pays, avec plus ou moins de matière très « concrète » (cf. charbon).

Et puis, que se passerait-il si notre ordinateur tombait en panne ? Pour remédier à ce problème, nous conservons notre fichier PDF sur plusieurs supports : clé USB, disque dur externe... Si nous sommes très bien organisés, nous allons même conserver des sauvegardes dans deux endroits différents (au domicile, sur le lieu de travail), pour se prémunir du vol, de l'incendie...

Toute cette matière (serveur, écran, puces électroniques, clé USB, disque dur externe) a besoin de matière pour être créée (minerais précieux – terres rares, coltan, lithium – eau, combustibles fossiles, produits chimiques). Cette matière est fournie sur notre Terre nourricière, malheureusement trop souvent matière non renouvelable et épuisable (contrairement à la matière papier).

Enfin, que devient le PC qui contient notre document PDF, arrivé en fin de vie ? Il a une chance non négligeable de finir dans une décharge ou dans un cours d'eau en Afrique, en Chine ou en Inde, polluant, avec sa matière très concrète, l'eau, l'air, les légumes.

On ne devrait donc pas parler de « dématérialisation », mais de « démultiplication de la matière ». On passe de la matière à la pluri-matière ; en lieu et place de la « dé-matérialisation » on observe un phénomène de « multi-matérialisation ».

Avec le numérique, on utilise toujours plus de matière, et toujours plus de matière épuisable.

À l'instar des trous noirs, le numérique « absorbe » la matière, car ses besoins en matière sont très nombreux et diversifiés. Par ailleurs, vivant dans un monde économique encore gouverné par un modèle où l'obsolescence programmée est reine[1], le taux de renouvellement des outils numériques est élevé, nécessitant une absorption toujours plus importante de matière destinée à disparaître de la surface de la Terre une fois totalement engloutie.

Enfin, pour que le mot « dématérialisation » fonctionne, encore faudrait-il qu'on ne conserve que le document numérisé ; or, trop souvent, le document numérique ne vient pas remplacer le document papier, mais vient « en plus ». On démultiplie donc les supports plutôt que de dématérialiser.

1. Latouche S. (2012), *Bon pour la casse. Les déraisons de l'obsolescence programmée*, Éditions Les Liens qui Libèrent, 137 p.

Si vous en doutez, numérisez vite cette page et envoyez-là en fichier attaché à vos amis pour leur quémander un avis. Il y en a bien un parmi eux qui va l'imprimer. De mon côté, je vais m'empresser de diffuser une version numérique de cet ouvrage, de la conserver sur mon disque dur externe et sur une clé USB et, tout cela offrant matière à réflexion, rassembler tout ma matière grise pour rêver sans complexe à un monde « dématérialisé ».

Chronique 8. Le mythe du « zéro déplacement » : Quand les TIC induisent toujours plus de transport de personnes

Deux mythes tenaces s'attachent aux TIC.

Le plus ancien remonte à l'invention du téléphone. Dès cette époque, on a prophétisé la fin des transports. Pourquoi se déplacer lorsqu'on peut se parler à l'infini avec un simple fil ? Presque un siècle et demi plus tard, alors que la réalité a toujours démenti cette prophétie, et que loin de réduire les déplacements, les TIC, au contraire, les accentuent[1], on continue à promouvoir les TIC comme outil de remplacement au transport de personne.

Plus récemment, quelques apprentis devins ont suggéré un monde à venir exempt de papier. Pourquoi conserver sur support papier ce qui peut être stocké sur un support numérique ? Là encore, la réalité a débouté les Nostradamus du numérique, et les industriels du papier ne sombrent pas dans la dépression.

En 1876, le téléphone voit le jour.

Le 10 mai 1879, l'éditorialiste du *Times* exulte : cette invention révolutionnaire annonce la fin des déplacements pour les managers. Au lieu de se déplacer, ils n'auront plus qu'à... téléphoner !

Prophétie contredite par l'inventeur même de cette grandiose innovation, Alexander Graham Bell. Les tous premiers mots prononcés par l'inventeur du téléphone auraient été : « Monsieur Watson,

1. Flipo F., Deltour F., Dobré M. et Michot M. (2012), *Peut-on croire aux TIC vertes ?* Hermès, Paris, 276 p.

venez tout de suite, j'ai besoin de vous ! »[2], générant ainsi... un trajet.

Dans ce cas précis, le téléphone ne vient pas se *substituer* au déplacement, il vient en *complément*.

Quelles que soient les raisons de non-substitution des TIC au transport de personnes, toutes les données agrégées disponibles montrent que les déplacements augmentent au même rythme que les télécommunications.

Graphique 3 : Évolution comparée, entre 1800 et 2000, des flux d'information et des flux de transport[3]

Source : adapté de Grubler

2. Sola Pool I. (1977), *The social impact of the telephone*, Cambridge, MA : MIT Press.
3. Grübler A. (1990), *The Rise and Fall of Infrastructures*, repris dans GIEC, 2001 et cité sur le site de Jean-Marc Jancovici.

Le nombre de kilomètres parcourus en avion ne cesse de s'accroître, tout comme le nombre d'appels téléphoniques ou d'envois de SMS. Quant aux kilomètres parcourus en voiture, ils augmentent également, mais à un rythme moins soutenu.

S'il s'avère qu'un appel téléphonique peut parfois remplacer un trajet, tout comme une visioconférence peut parfois éviter des déplacements, plus de communications entre les personnes et surtout une communication plus rapprochée, rapide et efficace, engendre toujours plus d'activités et de relations conduisant à accroître les déplacements.

Comment, dès lors, expliquer ce mythe persistant du « zéro déplacement » induit par les TIC ?

L'origine se situe dans l'approche méthodologique adoptée (voir Moktharian[4]). Si l'on se focalise sur un cas particulier, isolé, et à court terme, on peut en effet relever des effets où les transports diminuent grâce à l'utilisation des TIC. Par exemple, dans une étude sur le télétravail portant sur quelques semaines, on se rend compte que ce mode de travail permet de réduire le transport des télétravailleurs de leur domicile à leur lieu de travail. Mais ces études pèchent précisément par le fait de se focaliser sur une seule application et à court terme. Elles passent alors à côté d'effets plus subtils, indirects et à long terme, qui n'échappent pas aux approches holistiques, globales, à plus long terme. Par exemple, le télétravail, à plus long terme, peut provoquer tout autant de déplacements de la part du télétravailleur. Mais au lieu de se rendre au travail, ressentant le besoin d'interactions sociales, il rendra plus souvent visite à des amis ou à la famille ou bien aura tendance à effectuer plus de voyages touristique. Le télétravailleur n'effectuera donc pas moins de trajets, seul le *but* des trajets changera.

4. Mokhtarian P.L. (2003), « Telecommunications and Travel. The Case for Complementarity », *Journal of Industrial Ecology*, vol. 6, n° 2, p. 43-57.

Si je ne vous ai pas convaincu, peut-être devrions-nous nous expliquer autrement... Par téléphone par exemple. Quoique ce moyen reste assez limité... Rien de tel qu'un bon face-à-face pour argumenter et contre-argumenter à souhait.

Dans ce cas, qui de vous ou de moi se déplacera ?

Chronique 9. Le mythe du « zéro déplacement » : Pourquoi les TIC ne remplacent pas le déplacement de personnes. 1. Les « effets neutres »

Les TIC ne réduisent pas la facture énergétique liée au transport de personnes : à une augmentation des TIC est corrélé un accroissement des transports (voir chronique 8).

L'« effet neutre » figure parmi les quatre raisons principales[1] expliquant ce phénomène. Lorsqu'une TIC ne vient pas « remplacer » un voyage, ni ne « provoque » de voyage supplémentaire, on assiste à un effet neutre : sans les TIC, l'activité n'aurait tout simplement jamais eu lieu.

Un étudiant, inscrit dans une université française, qui décide de profiter à distance des enseignements gratuits (Mooc) mis à disposition par le MIT – université étasunienne de grande renommée – ne se serait jamais inscrit au MIT si l'opportunité offerte par les TIC n'existait pas. Il suit normalement ses cours à l'université française et profite en prime des cours à distance car la technologie le permet, mais cette technologie ne vient pas « remplacer » un voyage, ni n'en provoque. Jusqu'à preuve du contraire, les universités ne se sont pas vidées avec ces TIC, les cours à distance ne « remplacent » pas les cours en présentiel ; ils offrent de nouvelles opportunités.

La conversation par Skype, chaque soir, pendant 10 minutes, qu'un étudiant, émigrant d'un pays où la culture familiale est très

1. Rodhain F. (2008), « Avec les technologies de l'information et de la communication, moins de pollution », in *Petit bréviaire des idées reçues en management*, sous la direction de Anne Pezet et Samuel Sponem, La découverte, Paris, p. 248-256.

forte, mène avec sa mère restée au pays, ne remplace pas un transport.

De la même façon, lorsqu'un manager travaillant toute la semaine dans une ville éloignée de 400 km de sa famille, communique matin et soir avec ses enfants par courriel et téléphone, ces TIC ne remplacent aucun voyage.

Si, en surfant sur le Web, vous tombez totalement par hasard sur un livre en promotion que vous décidez d'acheter en un clic, votre achat à distance ne remplace en aucun cas un déplacement à la librairie : sans le Web, votre achat n'aurait tout simplement jamais eu lieu (dans ce dernier cas, par contre, la TIC provoque un transport, mais de marchandise et non de personnes).

J'espère que ces exemples auront su vous convaincre, car vous aurez beau me supplier, je ne prendrai pas ma voiture pour venir chez vous m'expliquer ; nous pouvons, par contre, argumenter et contre-argumenter *via* les TIC : sachons « neutres » demeurer !

Chronique 10. Le mythe du « zéro déplacement » : Pourquoi les TIC ne remplacent pas le déplacement de personnes. 2. Les « méta-motivations »

Le transport de personnes augmente au même rythme que les télécommunications (voir chronique 8) ; les TIC, jusqu'à présent, n'ont donc pas permis de réduire la pollution liée au transport de personnes.

Parmi les 4 raisons qui permettent d'expliquer ce phénomène[1], figurent les « méta-motivations » liées au voyage[2].

Par l'étrange effet du hasard, nombre de congrès scientifiques sont organisés dans des pays « exotiques ». Par un autre effet du hasard, ces congrès sont organisés dans une période où le climat est plutôt rude dans le pays d'origine des congressistes.

Pour une raison encore inexpliquée à l'heure actuelle, sur laquelle se penchent nombre d'éminents spécialistes (qui justifiera l'organisation de quelques conférences), un congrès organisé à La Réunion au mois de décembre enregistrera plus d'inscriptions que le même congrès organisé à Roubaix à la même période.

Un autre mystère qui reste à élucider est celui des congrès offerts par les industries pharmaceutiques aux médecins prescripteurs, étalés sur une ou deux semaines à l'île Maurice ou à Honolulu. Ces industriels doivent-ils se démunir de leurs boules Quiès ? Que

1. Rodhain F. (2008), « Avec les technologies de l'information et de la communication, moins de pollution », in *Petit bréviaire des idées reçues en management*, sous la direction de Anne Pezet et Samuel Sponem, La découverte (sortie en format Poche en 2010), Paris, p. 248-256.
2. Mokhtarian P.L. (2003), « Telecommunications and Travel. The Case for Complementarity », *Journal of Industrial Ecology*, vol. 6, n° 2, p. 43-57.

n'ont-ils entendu l'appel lancé par Jean-Louis Borloo lorsqu'il était ministre de l'Écologie : « *Je suis favorable à ce qu'un grand nombre de réunions soient réalisées en visioconférence pour éviter les déplacements qui génèrent de la pollution* »[3] ?

Un roman étant, selon Edgar Morin, la forme la plus appropriée pour rendre compte de la complexité d'un phénomène[4], on se réfèrera aux célèbres romans de David Lodge[5] pour tenter d'approcher la psychologie du conférencier migrateur et l'étendre à tous types de personnes étant amenées à se déplacer dans le cadre de leur travail (managers, politiciens, journalistes...).

Il semblerait ainsi que des méta-motivations (visite de la famille ou d'amis, découverte d'un pays, besoin de vitamine D, désir de s'échapper de son cercle familial, de fuir la tension subie sur son lieu de travail...) soient liées aux déplacements des salariés. Pour autant qu'elles soient difficiles à mesurer de façon précise (cf. raisons qu'on n'avoue pas forcément aisément aux autres, ni même à soi-même), ces méta-motivations n'en sont pas moins prégnantes.

À ma connaissance, aucune étude scientifique solide ne permet de rendre compte précisément de ce phénomène. C'est pourquoi je me propose, si toutefois le ministère de la Recherche m'octroie des fonds pour cela, de me rendre à un panel de congrès représentatifs à Honolulu, aux Maldives et aux îles Canaries pour interroger les congressistes et découvrir leurs motivations profondes. Il sera indispensable, dans le but de conduire une analyse comparative, d'interroger les motivations des conférenciers se rendant à Roubaix, Cergy-Pontoise et Tourcoing. Je me verrai, à regret, malheureusement contrainte de déléguer ce travail à un doctorant ; on ne peut pas être au four et au moulin...

3. Entretien publié par *France Soir*, 17 septembre 2007.

4. « [...] *mon sentiment de la valeur et de l'importance de la littérature s'est même accru en moi, après la reconnaissance des limites des sciences humaines, psychologie et sociologie notamment. Je sens de plus en plus que seul un grand roman réussit à exprimer les multiples dimensions de l'expérience humaine...* » (Edgar Morin, *Mes démons*, Stock, 1994, p. 27).

5. En particulier *Un tout petit monde* et *Changement de décor*.

Chronique 11. Le mythe du « zéro déplacement » : Pourquoi les TIC ne remplacent pas le déplacement de personnes. 3. Les « effets de complémentarité »

L'utilisation des Technologies de l'Information et de la Communication (TIC) n'a pas vu naître un monde sans transport, comme ont pu le prophétiser certains « visionnaires ». Parmi les quatre raisons[1] expliquant ce phénomène figurent les « effets de complémentarité »[2].

On observe un effet de complémentarité lorsque l'utilisation d'un mode de communication conduit à en accroître un autre.

Ainsi, une des utilisations majeures du téléphone portable consiste à planifier ou modifier des rendez-vous[3].

Plus de flux de communication engendre plus de flux de transport. Ces flux de communications se caractérisent, avec l'émergence toujours croissante de nouveaux modes de communication, par une augmentation en diversité, en rapidité et en efficacité. L'individu est soumis à une intensification de sollicitations ou opportunités *via* la possession d'une diversité d'outils (téléphone fixe et portable, e-mail, réseaux sociaux numériques, jeux vidéo en ligne

1. Rodhain F. (2008), « Avec les technologies de l'information et de la communication, moins de pollution », in *Petit bréviaire des idées reçues en management*, sous la direction de Anne Pezet et Samuel Sponem, La découverte (sortie en format Poche en 2010), Paris, p. 248-256.
2. Mokhtarian P.L. (2003), « Telecommunications and Travel. The Case for Complementarity », *Journal of Industrial Ecology*, vol. 6, n° 2, p. 43-57.
3. Yim Y. (2000), « Telecommunications and travel behaviors : Would cellular communications generate more trips ? », *Annual Transportation Research Board Meeting*, 9-13 janvier, Washington D.C.

multijoueurs...) dont l'efficacité et la rapidité sont sans commune mesure avec les PTT !

Un RSN (Réseau Social Numérique) ne vient pas se substituer au réseau social préexistant ; de nouveaux liens se forment pouvant conduire à des déplacements (apéros géants – site web « On va sortir », etc.).

Que nous sommes loin du monde envisagé par l'éditorialiste du *Times*, qui écrivait le 10 mai 1879 que l'invention toute récente du téléphone allait remplacer le déplacement des managers ! C'est dans ce monde qu'est née Alexandra David-Neel. Lorsqu'elle partait explorer de lointaines contrées, si une information devait lui parvenir, elle arrivait quelques mois après l'évènement (mort d'un proche...), information qui ne risquait pas alors de provoquer un déplacement, les chances d'arriver à temps pour l'évènement (enterrement...) étant absolument nulles.

Aujourd'hui, il n'est pas rare qu'au milieu d'une fête battant son plein, une personne reçoive un coup de téléphone ou un texto lui signalant une autre fête à un autre endroit ; elle embarque quelques amis et part aussitôt à l'endroit signalé, évènement qui peut se reproduire pendant la soirée.

Bon, ce n'est pas que je m'ennuie avec vous, mais je dois vous abandonner. Le cadet vient de m'appeler, il est indisposé ; je vais rapidement le chercher à l'école. Au retour, un petit détour au magasin dépôt de La Redoute s'impose : je viens de recevoir un texto à l'instant m'informant de l'arrivée de mon colis (encore des draps... je n'en ai pas vraiment besoin, mais comme ils étaient en solde, j'ai *fait des* économies...). En rentrant, je devrai courir, le site « On va sortir » vient de m'apprendre qu'il y a une sortie « 4x4 » en fin d'après-midi que je ne voudrais pas manquer. Il faudra que je rentre tôt, on vient de m'informer sur Facebook que demain la FNAC ouvre ses portes exceptionnellement à 7 h 00 pour la sortie mondiale de l'iPhone 32. Si je veux faire partie des premières à l'acquérir, j'ai intérêt à ne pas passer ma nuit sur *World of Warcraft* !

Chronique 12. Le mythe du « zéro déplacement » : Pourquoi les TIC ne remplacent pas le déplacement de personnes. 4. La théorie de la « richesse des médias »

D'aucuns ont pu prophétiser que les Technologies de l'Information et de la Communication allaient pouvoir se substituer au transport de personnes et, par ce biais, diminuer la pollution atmosphérique. La réalité est toute autre, le transport de personnes croissant au même rythme que les télécommunications.

La « théorie de la richesse des médias » fait partie des quatre explications[1] permettant de rendre compte de ce phénomène. Cette théorie classe les médias en fonction de la richesse des informations qu'ils permettent de transmettre. Ainsi, le média « e-mail » est plus pauvre que le média « téléphone », car la voix permet de transmettre des informations subtiles plus difficilement captables par e-mail (la mauvaise foi, l'humour, etc.), le média au sommet de l'échelle de ce classement étant sans conteste le « face-à-face ».

80 % de la communication étant non verbale, les médias basés uniquement sur la transmission du verbe (détaché de son émetteur) se révèlent, de fait, assez pauvres.

Quels que soient les médias électroniques utilisés, aucun d'entre eux n'égale la richesse du face-à-face. Peut-on imaginer une négociation internationale menée à travers la visioconférence ? Lorsque

1. Rodhain F. (2008), « Avec les technologies de l'information et de la communication, moins de pollution », in *Petit bréviaire des idées reçues en management*, sous la direction de Anne Pezet et Samuel Sponem, La découverte, Paris, p. 248-256.

l'on sait que 87 % des mensonges sont détectés par le non-verbal ? (les mensonges sont détectés à 13 % seulement par les mots, à 70 % par le visage, 10 % par les gestes et 7 % par la voix[2]).

Les diplomates avertis ou les bons managers sont capables de « sentir » une assemblée lorsqu'ils entrent dans une salle de réunion, de repérer en quelques secondes les individus crispés, ceux qui risquent de s'opposer à eux ou au contraire ceux sur lesquels ils pourront s'appuyer.

Aucun média électronique n'est capable de transmettre l'ensemble des informations sensorielles diffusées inconsciemment par les individus. Les émotions ont des odeurs ; tout le monde a déjà fait l'expérience de la capacité des animaux (chiens, chevaux) à capter notre émotion à travers notre odeur ; cette capacité est toujours active chez l'être humain, même si nos capteurs tendent à ne plus réagir à ces stimuli par faute d'entraînement dans nos sociétés modernes dégagées des contraintes liées à la survie dans un environnement naturel hostile.

La gestuelle, le visage, le regard, la voix, l'odeur, complètent l'information verbale diffusée lorsque nous nous exprimons. En cas de contradiction entre le non-verbal et les mots, l'individu averti (le bon manager ou négociateur, le fin policier, le journaliste d'investigation, l'agent secret, le psychothérapeute, le bon pédagogue...) écoutera toujours le langage du corps, car autant il est facile de mentir avec les mots, autant il est difficile de maîtriser l'ensemble des informations inconscientes diffusées de manière interreliée par le corporel (le Graal du parfait agent double, ou plus prosaïquement de celui qui souhaite endosser l'habit du politique).

Autre sensation, qui, pour l'instant, n'est pas transmise par les médias électroniques : le toucher. « Le meilleur des mondes » décrit par Aldous Huxley, où les enfants sont élevés sans être touchés

2. D'après René Zayan, chercheur en psychologie politique, dans *Coupez le son ! Le charisme politique*, DVD, 2007.

n'est plus imaginable depuis que l'on sait par expérience et que la science a confirmé que les enfants non touchés meurent ou développent de redoutables tares.

Serrer la main d'une personne, recevoir un « *hug* » à l'étasunienne ou l'embrasser à la façon hexagonale, sont des sources d'information d'une richesse inaccessible aux médias électroniques.

Allez... changeons de sujet... ce n'est pas que cet exposé m'assomme, mais je viens de recevoir une alerte sur AdopteUnMec.com. Ah... une photo de mon nouveau soupirant. Tiens, soit il a glissé par erreur la photo de son fils, soit il pratique Photoshop, soit il me prend pour un lapin de six semaines. Je suis quitte pour le caler la semaine prochaine dans mon agenda super chargé pour un rendez-vous de contrôle qualité, entre le prétendant précédent, injoignable par téléphone car sourd (en lui prêtant l'oreille, entendra-t-il mieux ?[3]), et le suivant, féru de psychologie, qui fanfaronne en citant tout Dolto (pas la mère, le fils... comme dirait Patrick Timsit).

3. En référence à un sketch de Raymond Devos.

Chronique 13. Le télétravail n'est pas forcément écologique

N'enviez pas votre voisin qui fait le malin parce que le matin, il contemple sa cravate dénouée. Quand vous vous faites beau comme un prince pour vos clients, lui, commence déjà à travailler, mal rasé, négligé, les doigts bien disciplinés sur le clavier.

Les études montrent que le télétravail est particulièrement intéressant pour les entreprises, au sens où le télétravailleur a tendance à travailler plus efficacement. Votre voisin est donc plus « rentable » pour l'entreprise. Cela, c'est la cerise sur le gâteau, pourrait-on penser. Car lorsqu'on pense au télétravail, ce n'est généralement pas pour la performance de l'entreprise, mais plus pour des raisons écologiques : le télétravail, pense-t-on, permettrait de réduire les déplacements et donc serait une solution pour moins polluer la planète.

Qu'en est-il réellement ?

Le télétravail n'est intéressant, d'un point de vue écologique, mais également économique, que lorsque le télétravailleur ne possède pas de bureau attitré dans l'entreprise[1]. Par ailleurs, certaines études, relevées par l'excellent ouvrage de Flipo *et al.*[2], montrent un impact négatif du télétravail sur l'environnement.

Si votre voisin, qui ne se rend désormais plus qu'un jour par semaine au turbin, a pu acheter ce pavillon de banlieue à 90 km de Paris, c'est grâce au télétravail. Dans la capitale, jamais il n'aurait pu devenir propriétaire. À présent, il ne se déplace plus qu'un jour

1. Breuil H, Burette D., Flüry-Hérard B, Cueugniet J, Vignolles D. (2008), Rapport « TIC et Développement durable », Ministère de l'Écologie, de l'Énergie, du Développement Durable et de l'Aménagement du Territoire, Ministère de l'Économie, de l'Industrie et de l'Emploi, décembre 2008, 96 p.
2. Flipo F., Deltour F., Dobré M. et Michot M. (2012), *Peut-on croire aux TIC vertes ? – Technologies numériques et crise environnementale*, Presses des Mines, 2716 p.

par semaine à Paris ; certes, mais comme il s'est éloigné de son lieu de travail, l'impact écologique global demeure le même, voire s'accentue. Les études montrent en effet que le télétravail exerce un impact négatif sur l'environnement lorsque le salarié, qui télétravaille 4 jours sur 5 et qui utilise la voiture pour se rendre une fois par semaine sur son lieu de travail, profite de cette opportunité pour habiter plus loin.

Si vous entendez les portes claquer chez votre voisin, n'allez pas croire à des courants d'air... et soyez plutôt en empathie. Des études montrent que le télétravail accroît les conflits dans la sphère privée, le télétravailleur luttant dans la gestion des frontières entre vie privée et vie professionnelle.

N'allez pas non plus l'envier sous prétexte qu'il réalise des économies sur le budget « essence », c'est loin d'être prouvé. Déjà parce qu'il a décidé d'habiter plus loin, mais également parce que, étant seul toute la journée à domicile, et ayant besoin de son « quota » de relations sociales, il risque d'utiliser son véhicule plus fréquemment le soir ou le week-end pour rencontrer des connaissances, et de partir plus souvent en voyage. Moktharian[3] montre en effet que le télétravailleur ne se déplace pas moins, mais que le but du voyage diffère.

Enfin, sans même prendre en compte tous ces effets liés à la psychologie du télétravailleur, il est nécessaire de relativiser l'impact que pourrait exercer globalement le télétravail sur la réduction des transports. Tous les emplois ne peuvent pas être réalisés à distance. Selon l'étude BIOS IS, 30 % des emplois au maximum peuvent être concernés par le télétravail. Se rendre sur son lieu de travail représente 20 % des activités de transport. Deux jours télétravaillés par semaine représenteraient donc d'après cette étude uniquement 2,4 % du transport total.

3. Mokhtarian P.L. (2003), « Telecommunications and Travel. The Case for Complementarity », *Journal of Industrial Ecology*, vol. 6, n° 2, p. 43-57.

Ne comptons donc pas sur les télécommunications et les outils informatiques qui autorisent le télétravail pour sauver la planète en réduisant le CO_2 émis par les transports. En attendant, vous pouvez toujours sauver de la déprime le conjoint de votre voisin en allant faire du shopping avec lui (30 km), en aidant leurs enfants à se changer les idées en les invitant au cinéma avec les vôtres (20 km) et enfin, pour les ressouder, en les invitant le week-end prochain dans votre maison secondaire de l'île de Ré (300 km).

Quant à moi, je vous salue du Sahara où je suis allée chercher l'inspiration dans les dunes. Quitte à télétravailler, autant quitter mon pigeonnier...

Chronique 14. Le discours sur l'hyper-sensibilité électromagnétique : entre aveuglement et schizophrénie

Souffrez-vous de maux de tête, de nausée, d'hypotension, de fatigue, de trouble de la mémoire et de la concentration, de carence en fer, d'insomnies, d'eczéma, de douleurs musculaires ? Si oui, vous souffrez peut-être d'électro-sensibilité ou d'hyper-sensibilité électromagnétique, dont les symptômes sont provoqués par les sources de champs électromagnétiques liés au Wi-Fi, à la téléphonie mobile, aux téléphones sans fil sur socle, aux antennes relais, etc.

L'électro-sensibilité ou l'hyper-sensibilité électromagnétique est une « pathologie » reconnue. En Suède on la qualifie d'handicap, en Angleterre c'est une maladie. En juin 2012, cinq députés européens ont demandé à ce que l'électro-sensibilité soit reconnue comme une maladie en Europe.

En France, ce problème a été longtemps ignoré par les pouvoirs publics. Mais avec un rapport de l'AFSSET (Agence Française de Sécurité Sanitaire, de l'Environnement et du Travail) qui évoque clairement son existence, on ne peut plus fermer les yeux sur le phénomène. Par ailleurs, en 2015, une personne souffrant d'électro-sensibilité a obtenu une reconnaissance d'un taux d'invalidité à 85 %, lui permettant de percevoir l'allocation adulte handicapé.

Cependant, si les rapports de différentes instances évoquent l'existence de troubles physiques spécifiques, le lien avec les champs magnétiques n'est jamais formellement reconnu (ce qui est le cas pour le rapport de l'AFSSET). Cela provoque à la lecture un étrange sentiment de double langage, surtout lorsque le lecteur éduqué dans la patrie de Descartes aborde les parties liées aux « recommandations ».

C'est ainsi que l'ANSES (Agence Nationale de la Sécurité Sanitaire), annonçait aussi clairement que possible en octobre 2013 : « *Il n'existe aucune preuve des effets négatifs des ondes électromagnétiques sur la santé* ».

Dans le même temps, on peut lire dans un autre support de l'ANSES :

- « *Avec des preuves extrêmement limitées, on note que les ondes électromagnétiques peuvent provoquer des modifications biologiques sur le corps, mais qu'il ne s'agit pas d'un risque sanitaire* ».
- « *Il existe une possible augmentation de risque de tumeur cérébrale pour les gros utilisateurs de téléphones portables et sur la longue durée* ». (Notons à ce sujet qu'en 2017 un tribunal italien a reconnu la responsabilité du téléphone portable dans l'apparition d'une tumeur au cerveau d'un employé qui, durant 15 ans, était contraint d'utiliser entre 3 et 4 heures par jour son téléphone portable dans le cadre de son travail. L'employé touchera une indemnité à vie de 500 euros par mois. Le lien entre l'utilisation intensive du téléphone portable et l'apparition de tumeur avait déjà était reconnue par la justice italienne, en jugeant comme maladie professionnelle une tumeur chez un cadre supérieur qui utilisait son portable de façon intensive.)
- « *L'ANSES déconseille aux parents de permettre à leurs enfants d'utiliser le téléphone portable, notamment à l'oreille car le cerveau des enfants est moins bien protégé* ».

Bonne nouvelle pour les sourds et les manchots : le téléphone portable n'est nocif qu'utilisé à l'oreille ! Parents, ne vous alarmez pas, vous expliquerez facilement à vos enfants comment ne pas tendre l'oreille au battage médiatique autour de la dernière génération de portable, ou bien vous leur offrirez un casque pour mettre à l'abri leurs cerveaux « moins bien protégés ». Et si votre enfant subit des modifications biologiques, c'est la faute à pas de chance, car ce n'est pas un risque sanitaire.

Au contraire, si à la maternité votre enfant respire la santé, annoncez la bonne nouvelle sans vous ménager. Appelez la Terre entière avec votre portable à partir de la chambre, approchez-le du bambin pour faire entendre ses premiers cris, connectez-vous pour envoyer les premières photos par WhatsApp. Si l'infirmière vous intime de sortir de la chambre pour vous connecter, dites halte à l'excès de zèle et aux rabat-joie, et expliquez-lui bien que le rapport de l'ANSES établit « *qu'il n'existe aucune preuve des effets négatifs des ondes électromagnétiques sur la santé* ».

Chronique 15. L'hyper-sensibilité électromagnétique : une maladie ? Ou un don ?

L'hyper-sensibilité électromagnétique est considérée comme une « maladie » en Angleterre. En Europe, des députés ont demandé à ce qu'elle soit officiellement reconnue comme une « maladie ».

Les données manquent pour rendre précisément compte du phénomène. Des chercheurs ont étudié l'évolution de cette « maladie » entre 1985 et 2004, et se sont émus de la progression du phénomène à travers le monde[1]. Ainsi, en Suède, on serait passé de 0,06 % de la population souffrant d'hyper-sensibilité électromagnétique en 1985, à 1,5 % en 1997, 3,2 % en 2000 et jusqu'à 9 % en 2004.

La présence de plus en plus grande d'ondes électromagnétiques engendre une augmentation de la prévalence de symptômes chez un nombre toujours plus élevé d'individus. Ainsi, on peut dire qu'au départ ce sont les personnes hyper-sensibles qui sont touchées les premières. Puis les personnes sensibles. Le jour où les personnes insensibles ressentiront également des symptômes, il faudra sérieusement s'inquiéter !

De fait, qui doit être considéré comme « malade » ? Le sensible qui possède les capteurs pour détecter les sources potentiellement nuisibles à la santé ou l'insensible qui ne ressent rien ?

Déclarer que des individus (les hyper-sensibles) qui sont des facteurs d'alerte, des pionniers, des sentinelles, sont des déviants (des « malades ») n'évite-t-il pas de remettre en cause un écosystème ? Si un fusible saute, c'est qu'il désigne une surtension. Si on change

1. Hallberg O. and Oberfeld G. (2006), « Letter to the Editor : Will We All Become Electrosensitive ? », *Electromagnetic Biology and Medicine*, vol. 25, p. 189-191.

le fusible plutôt que d'accepter ce qu'il désigne, on ne règle pas la question électrique.

La sensibilité aux ondes dont fait preuve un nombre toujours croissant d'individus ne serait-elle pas, dès lors, à l'instar du fusible, un don, une vertu ?

Si c'est une vertu, elle paraît visiblement encombrante...

Par ailleurs, le terme de « maladie » est-il étymologiquement approprié ? Quelle est la maladie, qui, lorsqu'on en supprime la cause, disparaît ? Lorsqu'on retire les ondes, plus personne n'est malade, ce qui prouve bien que ce n'est pas une maladie.

Nous viendrait-il à l'idée de déclarer qu'un individu qui ne supporte pas l'arsenic est « malade » ?

Imaginons un univers très sonore, à la limite du supportable pour les tympans. Faut-il décider que tous ceux qui ne sont pas sourds sont malades ?

L'histoire étant écrite par les vainqueurs, quand la majorité sera devenue électro-sensible, ce seront les gens qui ne le sont pas qui seront déclarés déficients.

En attendant, les *lanceurs d'alerte malgré eux* que sont les électro-sensibles doivent, seuls, faire preuve de beaucoup d'imagination pour trouver des solutions afin de mener une vie à peu près normale, quand ils ne sont pas contraints de s'isoler totalement pour survivre.

Gageons que la créativité et le courage auxquels ces pionniers sont acculés montreront la voie à la majorité qui, par la force des ondes, sera condamnée à sortir de l'indifférence.

Chronique 16. « Zéro papier » : la fin d'un mythe. Avec les TIC, on consomme toujours plus de papier

La consommation de papier va toujours grandissante, et les TIC ne font rien pour enrayer ce phénomène. Bien au contraire, la consommation de papier augmente au même rythme que les TIC.

Le schéma[1] ci-dessous illustre clairement ce phénomène :

Graphique 4 : Évolution de la consommation (en milliers de tonnes) de papier et carton en France entre 1950 et 2012[2]

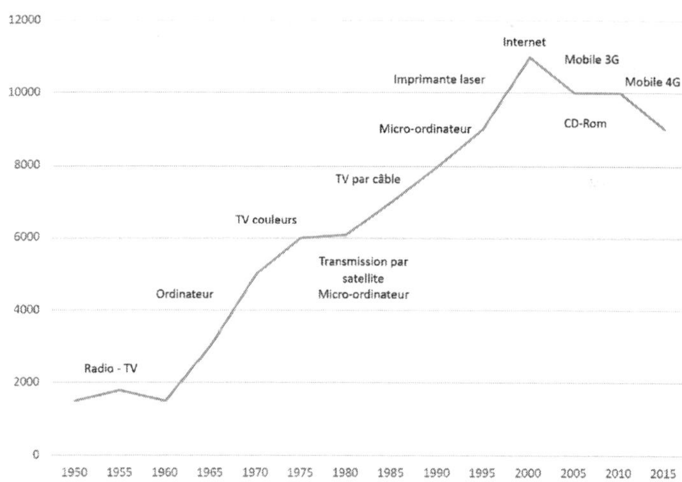

Source : adapté de Copacel

1. Voir le site de Copacel (Confédération Française de l'Industrie des Papiers, Cartons & Celluloses) : www.lepapier.fr
2. Dans ce schéma, on observe une décroissance à partir de 2008 certainement imputable à la crise ; par ailleurs, en 2016, on a observé une stagnation de la consommation de papier en France par rapport à l'année précédente, tandis qu'au niveau mondial, aucune stagnation n'est notée : bien au contraire, la consommation toujours croissante de papier dépasse même les capacités de production.

En France, la consommation de papier et de carton a été multipliée par dix depuis 1950, quand bien même de nombreuses TIC ont émergé durant cette faste période d'innovations technologiques.

On est loin du « zéro papier » prôné par les gourous de l'informatique dans les années 1990. Toutes les données agrégées montrent en effet que plus on dispose de TIC et plus on consomme de papier. Entre 1988 et 1998, alors que les capacités de stockage des informations électroniques se développaient à très grande vitesse, la consommation de papier dans les pays industrialisés a augmenté de 24 %[3]. Autre exemple frappant : sur la période 1984-1995, particulièrement favorable à l'émergence de la bureautique, la consommation de papier en Grande-Bretagne a augmenté de plus de 200 %[4].

« *Selon les prophètes de la soi-disant société postindustrielle, les ordinateurs étaient censés reléguer le papier au rang de curiosité historique. C'est exactement l'inverse qui s'est produit : aux États-Unis, la consommation annuelle de papier est passée de 7 à 22 millions de tonnes entre 1956 et 1986* » relève Suren Erkman[5], professeur à l'université et à l'École polytechnique fédérale de Lausanne.

Encore plus loin du zéro papier, les données agrégées révèlent que la consommation de papier dépasse la croissance du PIB, et ce depuis 1991[6]. Ainsi, alors que le PIB augmentait de 25 % en Europe entre 1991 et 2004, la consommation de papier, elle, augmentait sans vergogne de 40 %. Comme l'ont noté les auteurs précédents, cette forte augmentation de papier a coïncidé avec la période où Internet et les TIC en général ont réalisé des percées significatives aussi bien au sein des ménages que dans le milieu professionnel.

3. Cohen N. (2001), « The environmental impacts of e-commerce », *Sustainability in the Information Society, 15th International Symposium on Informatics for Environmental Protection*, edité par L.M. Hilty et P.W. Gilgen, Marburg, Metropolis Verlag.
4. Huws U. (1999), « Material world : The myth of the "weightless economy" », in *The socialist register*, edité par L. Panitch et C. Leys.
5. Erkman S. (1998), *Vers une écologie industrielle*, Éditions Charles Léopold Mayer, Paris, 152 p.
6. Selon e-business Watch cite par Arnfalk P. (2010), « Analysing the ICT paper interplay and its environmental implications », Report for workshop, 34 p.

Ce n'est donc pas le papier que l'on risque de trouver à terme dans un musée, mais bien, avec l'obsolescence programmée grandissante des outils numériques, une collection d'imprimantes, de PC, de jeux vidéo, de téléphones portables, de smartphones, de tablettes... de différentes générations (comprenez : vieux d'une paire d'années).

Quand vous visiterez ce musée, n'oubliez surtout pas de laisser un mot sur le grand cahier à la sortie...

Chronique 17. Zéro pointé aux prophètes du « zéro papier ». Pourquoi consomme-t-on plus de papier avec les TIC ?

La prophétie du « zéro papier » ne s'est pas réalisée, toutes les données montrent que la consommation de papier augmente au même rythme que les TIC, et plus rapidement que le PIB.

Comment expliquer ce phénomène ? On a forcément en tête la « dématérialisation » de certaines procédures administratives, comme les impôts, qui réduisent la consommation de papier.

S'il existe bien des effets de « substitution » (un document électronique qui se substitue au document papier comme dans le cas des impôts), ceux-ci, nous explique une chercheuse en écologie industrielle[1] sont marginaux par rapport aux possibilités d'impression accrues par les TIC. Ainsi, Internet offre des possibilités d'accès à des documents comme jamais auparavant, et la tentation est grande d'en imprimer certains, d'autant plus que les innovations technologiques encouragent ce phénomène (imprimantes toujours moins onéreuses et plus performantes, permettant d'imprimer toujours plus rapidement et facilement).

Par ailleurs, avec une équipe de chercheurs de l'Université de Montpellier[2], nous avons pu mettre en évidence « l'effet gratuité ». Les personnes que nous avons interviewées, sous réserve d'anonymat, nous ont confié qu'elles n'hésitaient pas à imprimer des documents pour leur usage personnel sur leur lieu de travail et même à

1. Mokhtarian P. (2003), « Telecommunications and Travel. The Case for Complementarity », *Journal of Industrial Ecology*, vol. 6, n° 2, p. 43-57.
2. Rodhain A., Rodhain F., Galy J. et Fallery B. (2017), « TIC et/ou développement durable : le paradoxe écologique vécu par les utilisateurs », *Gérer et Comprendre*, n° 128, juin, p. 48-61.

subtiliser du papier pour l'utiliser chez elles. Il est difficile de chiffrer précisément ce type de comportement, étant donné son aspect illégal et donc la difficulté de recueillir des témoignages.

Nous avons également relevé parmi les témoignages des personnes interviewées les aspects liés à la légalité et la sécurité. Les entreprises, ne faisant pas totalement confiance aux documents numérisés, préfèrent conserver des copies papiers, parfois en plusieurs exemplaires. Loin de l'effet de substitution, on se trouve ici dans un cas de complémentarité du papier au numérique.

Enfin, il faut souligner le gaspillage généralisé qui semble toujours régner dans les organisations en termes de consommation de papier. IPSOS mène régulièrement une enquête pour évaluer ce gaspillage auprès de 6 600 salariés de 10 pays européens et des Émirats arabes unis. Étonnamment, ce gaspillage est en augmentation depuis 2007. Voici quelques chiffres parmi les plus frappants[3] :

- un salarié imprime en moyenne 31 pages par jour ;
- 7 pages par jour par salarié ne sont jamais utilisées, soit directement jetées, soit abandonnées sur l'imprimante (en augmentation depuis 2007 où l'on comptait 6 pages ainsi gaspillées) ;
- 53 % des personnes sondées pensent que l'on gaspille trop de papier dans leur organisation, quoique seulement 23 % des interviewés reconnaissent participer à ce gaspillage.

Ce dernier chiffre est particulièrement intéressant, car il pointe le manque de conscience lié au gaspillage : « *c'est pas moi c'est l'autre* ». Tant que la conscience individuelle ne sera pas présente, le zéro pointé au zéro papier risque de perdurer, car toutes les explications d'une consommation substantielle de papier sont liées au comportement des usagers.

3. Chiffres de l'IPSOS, enquête 2010 ; malheureusement l'enquête n'a pas été reconduite dernièrement.

En attendant que les autres construisent un monde plus vertueux en matière de consommation de papier, n'oubliez surtout pas de diffuser cette information en scannant cette page et en l'imprimant pour vos proches, et en la diffusant en fichier attaché à tous vos contacts. Avec un peu de chance, quelques-uns l'imprimeront à leur tour !

Chronique 18. À vos rames citoyens ! Quand le principal usage du papier n'est pas lié aux impressions, mais aux emballages

L'usage des TIC n'a pas permis l'avènement du « zéro papier » annoncé ; au contraire, la consommation de papier s'accroît à mesure que de nouvelles TIC émergent.

Un document électronique ne remplace pas toujours un document papier ; c'est un support supplémentaire. Ainsi, on n'observe pas d'effet de substitution de l'électronique au papier, mais un effet de complémentarité.

Quand les gourous de l'informatique annonçaient l'ère du « zéro papier », ils se référaient à l'utilisation du papier pour l'impression. Dans une enquête d'IPSOS sur la consommation de papier qui montrait qu'en France, une page sur 6 imprimée sur le lieu de travail n'était pas utilisée, on chiffrait ce gaspillage à 1,2 million d'arbres « sacrifiés » par an. Si ce chiffrage a été effectué par IPSOS, c'est parce qu'il touche une « fibre » particulière : les individus établissent généralement un lien direct entre déforestation et écologie. Cependant, les Français savent-ils que le principal usage du papier est loin d'être lié au papier pour l'impression ?

Avec le papier tiré du bois, on fabrique certes du papier pour l'impression (rames de papier, cahiers, livres...), mais cela ne représente que *le tiers* de l'usage du papier (37 %). Or, *rien moins que la moitié* du papier tiré du bois est utilisée pour l'emballage et le conditionnement (51,2 %).

Graphique 5 : Répartition de l'utilisation du papier en France en 2015[1]

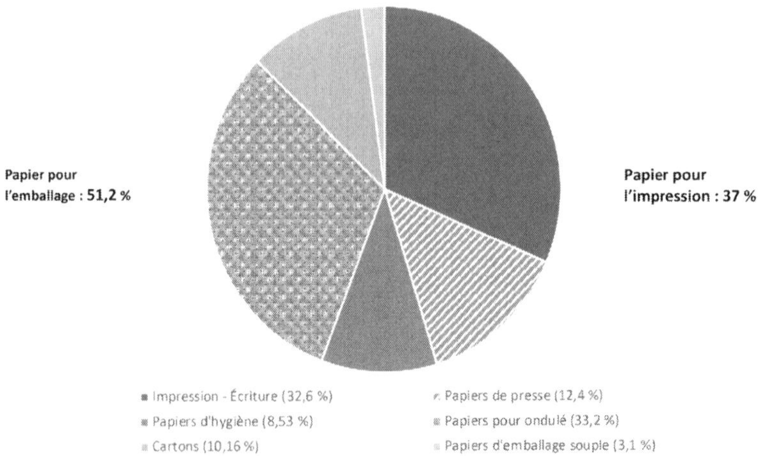

Source : adapté de Copacel

Selon l'ADEME, 65 % des emballages ménagers seraient recyclés[2]. On peut mieux faire, en supprimant tout simplement le problème à la source, ce que s'emploient à pratiquer certaines petites surfaces bio depuis longtemps, en offrant des produits sans conditionnement abusif. La substitution est alors totale : on passe du tout au rien, d'une attitude gaspilleuse à une attitude vertueuse. En 2011 à Austin, un supermarché sans emballage a vu le jour. En France, le réseau d'épicerie en vrac « *day by day* » ne cesse de prendre de l'ampleur sur le territoire hexagonal.

Ces initiatives peuvent encore s'étendre, surtout si le consom'acteur, conscient de son pouvoir, l'utilise pour faire pression sur les marchés, tout simplement en laissant aux caisses de son supermarché les emballages qu'il juge inutiles (Jérôme Bédier, président de la

1. Voir le site de Copacel (Confédération Française de l'Industrie des Papiers, Cartons & Celluloses) : www.lepapier.fr
2. Chiffres de 2012 fournis par l'ADEME dans le rapport : « Chiffres clés de l'environnement Editions 2016 », ADEME 2017, 72 p.

Fédération du Commerce et de la Distribution (FCD), juge que cela fait partie du droit du client).

Alors, à vos rames citoyens ! Nous pouvons non seulement limiter le gaspillage de rames de papier pour l'impression, mais également de papier pour l'emballage ; laissons les cartons inutiles aux caisses de la grande distribution.

Par contre, si vous êtes un adepte du commerce électronique, l'affaire se corse... À vos larmes citoyens : à qui allez-vous bien pouvoir laisser la pile d'emballages individuels qui couvrait vos ouvrages commandés chez Amazon ?[3]

3. Les chercheurs Williams et Tagami ont montré en 2003 que l'empreinte écologique du commerce électronique était plus élevée que celle du commerce traditionnel pour l'achat de livres, les deux raisons principales étant l'acheminement par avion et le packaging individuel (Williams E. et Tagami T. (2003), « Energy Use in Sales and Distribution *via* E-Commerce and Conventional Retail. A Case Study of the Japanese Book Sector », *Journal of Industrial Ecology*, vol. 6, n° 2, p. 99-114).

Chronique 19. Il faut 30 ans pour amortir une liseuse… Le livre papier plus écologique que le livre numérique

Le « zéro papier », annoncé comme un progrès pour l'humanité, ne s'est certes pas réalisé, mais est-ce seulement souhaitable ?

L'émission carbone d'un livre se chiffre à 1,3 kg de CO_2. Celle d'une tablette à 178 kg de CO_2 (en prenant la moyenne des émissions de trois tablettes : Sony, Ipad et Kindle)[1], ce qui correspond à 137 livres.

Ainsi, une liseuse est « rentabilisée » d'un point de vue environnemental à partir de la lecture de 137 livres. Sous ce seuil, soucieux d'écologie, il vaut mieux lire des livres sous format papier.

D'après Hachette, un lecteur français assidu s'offre 4,5 livres par an. Un calcul rapide montre qu'il faudrait donc 30 ans à un lecteur moyen pour amortir une tablette (137/4,5).

Au rythme des sorties des nouvelles tablettes et de l'obsolescence programmée, on peut supposer que les tablettes et liseuses aient une durée de vie de 2 ans. 137 livres étant le seuil de basculement, il faudrait que le lecteur lise 137/2 = 68 livres par an pour être « écolo-rentable ».

Cependant, même si les calculs d'émission carbone prennent en compte dans leurs hypothèses différents facteurs liés à l'analyse du cycle de vie (production, utilisation, transport…), ils ne peuvent toutefois pas modéliser les pertes totalement irrécupérables en

1. En prenant en compte pour le calcul de l'empreinte carbone les différents éléments du cycle de vie du produit : production, transport, utilisation, recyclage… (voir : « Comment lire écolo ? », Durand A.-A. (2011), *Métroplanète*, et « Livres, liseuses, tablettes : quel est le plus "vert" », *Les Echos*, Quiret M. (7 décembre 2011), deux articles se basant entre autres sur des calculs effectués par le cabinet Carbone 4).

termes de ressources renouvelables et de santé des éco-systèmes, impossibles à représenter de façon totalement chiffrée.

Ainsi, en phase de conception, on utilise pour la fabrication d'un livre des ressources renouvelables (on sait comment planter des arbres), alors qu'on exploite des ressources épuisables pour le « e-livre » : minerais précieux – coltan, lithium, terres rares – d'où la nécessité d'une exploitation minière, cause majeure de... déforestation !

Par ailleurs, en phase de fin de vie, si l'on sait parfaitement gérer les déchets du papier, c'est tout à fait l'inverse pour les déchets électroniques. En France, seuls 10 % des déchets électroniques sont gérés de façon responsable et globalement. À l'échelle de la planète, les déchets électroniques polluent les sols, les rivières et nuisent à la santé des plus démunis qui dépècent ces outils à mains nues. La liseuse délaissée finira sans doute sa vie quelque part dans le monde à polluer les sols ou à mettre en danger la vie de femmes ou d'enfants, principaux acteurs des secteurs informels du recyclage sauvage.

De plus, tous ces calculs ne valent rien... car ils ne prennent pas en compte un problème de poids lié à la psychologie du gros lecteur : celui-ci, seul « écolo-rentable » potentiel, ne préfère-t-il pas le livre papier, le toucher, l'entretien de sa bibliothèque ?

Par ailleurs, comme le signale Arnfalk[2], des lecteurs de e-livre ont rapporté s'être tellement passionnés pour un ouvrage qu'ils se sont ensuite précipités chez le libraire pour le conserver en version papier. Dans ce cas, loin de se substituer au papier, le livre numérique vient en complément, et toute comparaison en terme écologique devient dénuée de sens.

Désormais, vous voilà armé pour motiver vos enfants à la lecture. S'ils vous réclament une liseuse pour leur anniversaire, dites-

2. Arnfalk P. (2010), « Analysing the ICT paper interplay and its environmental implications », Report for workshop, 34 p.

leur qu'ils devront, pour être des enfants responsables, soit s'engager à la conserver 2 ans et lire 68 livres par an, soit ne lire que 4,5 livres par an s'ils s'engagent à l'utiliser pendant 30 ans.

Facile, non ?

Chronique 20. TIC : premier poste de consommation électrique des Français... à l'insu de leur plein gré

2008 : surprise, on découvre – en particulier grâce à une étude financée conjointement par EDF, l'ADEME, et l'Europe[1] – que le premier poste de consommation électrique spécifique[2] des ménages français est... dévolu aux TIC (informatique et audiovisuel).

Les TIC représentent alors 30 % de l'électricité spécifique des ménages, premier poste de consommation domestique[3] (alors qu'ils ne représentaient que 10 % de la consommation en 1995).

On découvre également à cette époque que les seules mises en veille des équipements consomment plus de 10 % de l'électricité spécifique des ménages, ce qui correspond à l'énergie produite par une à deux tranches nucléaires (malgré la prise de conscience déjà ancienne de ce problème, sont toujours, de nos jours, mis sur le marché des équipements – écrans plats, boîtiers ADSL, etc. – ne possédant pas d'interrupteur on/off, favorisant ainsi le mode veille).

Les énergéticiens lancent la sonnette d'alarme[4]. Tout ce qui a été difficilement gagné auparavant dans le secteur du froid ménager, de l'éclairage et du lavage a été balayé par l'énorme augmentation

1. ADEME, EDF, Union européenne (2008), « Mesure de la consommation des usages domestiques de l'audiovisuel et de l'informatique », Rapport final, Projet REMODECE, juillet 2008, 80 p.
2. L'électricité spécifique est celle qui ne peut être remplacée par une autre source d'énergie, c'est-à-dire toutes les consommations électriques mis à part le chauffage, la cuisson et l'eau chaude sanitaire (où des sources alternatives existent telles que le fuel ou le gaz).
3. Breuil H., Burette D., Flüry-Hérard B., Cueugniet J., Vignolles D. (2008), Rapport « TIC et Développement durable », Ministère de l'Écologie, de l'Énergie, du Développement Durable et de l'Aménagement du Territoire, Ministère de l'Économie, de l'Industrie et de l'Emploi, décembre 2008, 96 p. (voir pages 9 et 66).
4. Voir la page 77 du rapport final REMODECE cité plus haut.

de la consommation électrique des TIC : « bilan nul » n'hésitent-ils pas à annoncer.

De 2008 à nos jours la consommation d'énergie des TIC a certes évolué : baisse de consommation des modes veille, remplacement progressif des ordinateurs fixes par des ordinateurs portables moins énergivores ; dans le même temps, avec l'apparition constante de nouveaux produits, le taux d'équipement a crû, chaque nouveau produit réclamant son lot d'électricité pour fonctionner. Ainsi, un ménage français possède désormais en moyenne 5,5 écrans pour visionner des vidéos[5]. On projette des économies d'énergie dans l'habitat grâce aux objets connectés ; là encore, l'équation est plus complexe : ces objets connectés sont énergivores, et les économies d'énergie réalisées grâce aux objets connectés ne sont pas compensées par les dépenses énergétiques supplémentaires engendrées par ces outils[6].

Dans une recherche menée avec des chercheurs de l'Université de Montpellier[7], nous montrons que les consommateurs très sensibles aux aspects écologiques (ayant conscience que chaque acte de consommation est porteur d'impacts sociaux et environnementaux, consommant bio, se déplaçant à vélo ou favorisant le co-voiturage,...) n'ont qu'une conscience limitée des liens entre TIC et écologie, plus encore de l'incidence des TIC sur la consommation d'électricité.

Si les personnes les plus sensibles à l'empreinte écologique liée à leurs comportements quotidiens sont ignorantes des liens entre TIC et écologie, ainsi que des liens entre TIC et électricité, on peut en inférer que cette ignorance est généralisable à la population dans son ensemble...

5. CSA (2017), « Observatoire de l'équipement audiovisuel des foyers de France métropolitaine », Résultats des 1er et 2e trimestres 2017 pour la télévision, 12 p.
6. Perrault A. (2018), « Objets connectés : économiser de l'énergie... ou en gaspiller ? », site : les-smartgrids.fr.
7. Rodhain A., Rodhain F., Galy J. et Fallery B. (2017), « TIC et/ou développement durable : le paradoxe écologique vécu par les utilisateurs », *Gérer et Comprendre*, n° 128, juin, p. 48-61.

Alors, si vous voyez votre conjoint acheter des ampoules LED, utiliser le mode « économie d'énergie » du lave-linge et du lave-vaisselle, remplacer le vieux frigidaire pour s'en procurer un moins énergivore, dites-lui bien – s'il a le sens de l'humour – que cela ne viendra pas compenser vos heures passées devant la télévision au nouvel écran plat plus énergivore et toujours en mode veille lorsque le téléviseur ne fonctionne pas, le nouveau jeu vidéo de votre cadet (l'étude REMODECE[8] a montré qu'un jeu vidéo avait obtenu la palme en consommant plus d'électricité en mode veille qu'en fonctionnement), la free box en activité 24h/24, les films en téléchargement sur le PC, vos smartphones et tablettes en charge, etc.

8. Voir note 1 chronique 19.

Partie 2
Contextualisation : la nouvelle religion du numérique

Rentrée scolaire 2011 : pour la première fois, des ordinateurs portables, financés à 100 % par la Région, sont distribués à tous les lycéens de la Région Occitanie rentrant en seconde. Depuis, l'opération a été pérennisée.

Rentrée universitaire 2012 : une école de commerce des Hauts-de-France décide d'équiper l'ensemble de ses étudiants d'un iPad. Chaque année, à la rentrée, les écoles de commerce et d'ingénieurs en France sont toujours plus nombreuses à doter leurs étudiants d'une tablette. Ces opérations, là aussi, se renouvellent et se pérennisent.

Aux États-Unis, 45 États sur 50 ont supprimé l'apprentissage de l'écriture à l'école : les enfants apprennent à écrire directement sur un clavier.

La marche forcée vers le tout numérique est engagée, les pressions sont puissantes ; le monde de l'éducation est particulièrement visé : plus l'endoctrinement est précoce, plus il fonctionne.

Et peu importe si les étudiants de l'école de commerce des Hauts-de-France n'ont pas demandé à recevoir un iPad. Peu importe si les enseignants encore moins. Peu importe si aucune étude n'avait été menée au préalable. Peu importe si, au final, des enquêtes ont montré que la principale utilisation de la tablette en cours est le jeu.

Et peu importe si les lycéens de l'Hérault n'avaient pas tous souhaité un ordinateur portable. Peu importe si leur priorité n'était pas là. Peu importe si cela a engendré une mini-mafia et un trafic d'ordinateurs dans tous les lycées, dont ont pâti les enseignants et certains parents. « *On nous a distribué l'ordinateur sans nous demander notre avis, sans explication, comme on nous sert des frites à la cantine. À aucun moment un prof ne nous a demandé de l'utiliser. Je ne vois pas pourquoi je ne le vendrais pas. Il m'encombre* » explique à la journaliste du *Midi Libre* la jeune lycéenne contactée pour expliquer pourquoi elle s'était, comme bien d'autres lycéens, empressée de proposer son ordinateur à la revente sur un site de vente en ligne[1].

Et peu importe si d'après les neuroscientifiques et les linguistes, abandonner totalement l'écriture manuscrite comporte des risques majeurs pour le développement de l'apprentissage, de la motricité fine, de la lecture, de la maîtrise du langage et de la mémoire.

Peu importe parce que la priorité n'est pas là. La priorité n'est pas la satisfaction des usagers, la priorité n'est pas l'épanouissement du citoyen, la priorité n'est pas la pédagogie.

La priorité, c'est de nourrir le marché du numérique. Tout le monde est engagé dans cette course folle. Alors pas le temps de faire des études d'impact, des études de besoin. L'heure est à l'urgence.

Les pressions sont fortes et nombreuses, elles rejaillissent jusqu'à l'instituteur.

1. « Des "LoRdi" offerts par la Région... et revendus sur le net », article de Nathalie Balsan-Duverneuil, site web du journal *Midi Libre*, 22 août 2012.

Les États subissent la pression des lobbys. Les États mettent la pression sur les ministères. Les ministères mettent la pression sur leurs fonctionnaires. Des circulaires pleuvent dans les universités pour pousser au tout numérique.

Les bons élèves sont récompensés. Même si le coût est irraisonné. Même si les coûts cachés pour la planète sont monstrueux. Même si l'efficacité des outils n'a pas été prouvée.

Pour convaincre les réticents, on a trouvé une formule magique : investir dans le numérique est bon pour le « développement durable ». Cette formule magique procède d'un passe-passe vertigineux. Dans les rapports tels que « TIC et Développement Durable »[2] ou celui de l'Agence Internationale pour l'Énergie[3], c'est la même démarche as-cientifique qui est déployée. Dans le rapport « TIC et Développement Durable » on rapporte certes, dans les faits, de façon objective, que les TIC engendrent des coûts écologiques considérables (mesure de l'émission de CO_2, consommation électrique). Mais quand il s'agit d'expliquer les contributions des TIC au développement durable, le rapport se situe dans l'espoir, dans des lendemains qui chantent, avec des hypothèses non démontrées qui permettraient aux TIC, en réduisant les empreintes écologiques d'autres secteurs, à compenser leurs propres coûts.

La pensée magique est bien ancrée : les avancées technologiques, toutes les innovations sont *a priori* positives pour le développement durable. Grâce aux TIC, lit-on dans le rapport « TIC et Développement Durable », on consommera moins de papier. Grâce aux TIC, on se déplacera toujours moins.

Toutes ces hypothèses se situent dans un ailleurs, quand les hypothèses ne se transforment pas en fausses affirmations :

2. Breuil H, Burette D., Flüry-Hérard B, Cueugniet J, Vignolles D. (2008), Rapport « TIC et Développement durable », Ministère de l'Écologie, de l'Énergie, du Développement Durable et de l'Aménagement du Territoire, Ministère de l'Économie, de l'Industrie et de l'Emploi, décembre 2008, 96 p.
3. AIE – Agence Internationale pour l'Énergie (2010), « Energy Technology Perspectives, Scenarios and Strategies to 2050 », 16 p.

« [...] *on peut dire que le téléphone ou Internet permettent d'économiser des déplacements* [...] » lit-on page 45 du rapport.

Voilà une croyance bien ancrée pourtant totalement infondée, qui remonte à une innovation fondamentale : le téléphone, et qui demeure quelle que soit la réalité observée.

Toutes les données agrégées montrent que plus on introduit de nouvelles technologies de communication, plus on se déplace.

Les TIC ne réduisent pas les transports, ils les augmentent.

Les TIC ne réduisent pas la consommation de papier, ils la provoquent et l'accroissent toujours plus.

En réalité les TIC ne se *substituent* pas au transport ou au papier, ils sont *complémentaires*. L'effet de complémentarité doit venir remplacer l'effet supposé de *substitution*, non démontrée dans les faits.

Pendant ce temps, sous prétexte de Développement Durable, on investit massivement, tête baissée, dans les TIC. Ainsi, la justification principale apportée par l'école de commerce du Nord pour investir massivement dans les tablettes est simple : elle est engagée dans une démarche de « développement durable »[4].

Qui peut s'opposer à une telle *belle intention* ?

Le débat est clos.

Les usagers n'ont plus qu'à s'adapter.

Et s'ils montrent quelques réticences, au mieux on les *ringardise*, au pire on leur reproche de vénérer le Diable « anti-progrès ».

« *Mais tu ne crois donc en rien ?!* » s'offusqua la directrice du déploiement des iPad à un de mes collègues de l'école de commerce des Hauts-de-France, lorsque celui-ci tentait de lui soumettre des

4. Notons que lorsque la décision a été prise de s'engager dans une démarche de développement durable, la raison invoquée dans le compte-rendu du comité de direction de l'école de commerce était relative à la communication externe et l'attractivité de l'école.

objections (coût environnemental : déchets électroniques liés aux tablettes non recyclées, augmentation de la consommation d'électricité, aucune baisse de la consommation de papier – car ce sont désormais les étudiants qui impriment leurs polycopiés et non plus la direction – pour la planète le coût est le même).

Cette réaction révèle bien la démarche religieuse liée désormais aux introductions des nouveaux outils TIC. On est *croyant* ou *non croyant*, et les *non-croyants* sont, à l'instar des objecteurs de croissance, des hérétiques.

Un discours religieux empreint de mythes, une démarche irrationnelle

Comme tout discours religieux, nul besoin de démontrer. La Vérité EST, indiscutable. Dans le cas des tablettes de cette école, on n'a certainement pas procédé de façon rationnelle, c'est-à-dire :

- étude des besoins ;
- recherche des solutions pour répondre aux besoins ;
- sélection de la meilleure solution.

Non, le processus est inversé. On décide de vous doter d'un outil, à vous de trouver quelle utilisation en faire. Dès lors, des cellules de réflexion se sont montées – *a posteriori* – pour que les enseignants trouvent à utiliser cet outil dont ils n'avaient pas exprimé le besoin *a priori*. Et l'on a payé des formateurs d'Apple pour qu'ils viennent à l'université expliquer aux enseignants que faire de ces outils.

Toute religion développe des mythes, indispensables pour entretenir la croyance.

« Zéro papier », « Réduction des transports », « Dématérialisation », « Outils peu énergivores », « Outils peu polluants »... tous ces mythes doivent être sondés, de façon à démystifier la religion du numérique, à sortir du discours idéologique pour montrer dans les faits, preuves à l'appui, les faits et méfaits d'une utilisation irraisonnée des TIC.

Et ce, sans entrer dans l'écueil du déterminisme technologique. Il n'existe pas de « bons » ou de « mauvais » outils TIC, tout dépend de l'utilisation qui en est faite. Avec une pelle, je peux creuser un trou pour y planter un arbre, je peux aussi l'abattre sur la tête de mon prochain ; la pelle n'est responsable de rien !

Si toute religion possède ses mythes, il faut des prophètes pour les entretenir.

Qui sont donc les prophètes de la religion du numérique ?

Une fois n'est pas coutume, il y a accord entre les religions. Car les prophètes de cette religion sont les mêmes que la religion « croissance » – et, malheureusement, ce qui est devenu son corolaire : « le développement durable ».

Les TIC accélèrent considérablement notre potentiel de destruction, notre pouvoir de nuisance terrestre. Très tôt un enfant en Occident peut faire l'expérience de ce pouvoir destructeur par la possession puis le rejet d'un nombre toujours croissant d'outils numériques qui finiront dans un placard ou dans une décharge à l'autre bout du monde.

Quel enfant, avant l'ère des TIC, possédait un tel pouvoir destructeur ?

Cette attitude de gaspillage est plus que bénie, elle est entretenue par les partisans de la croissance, à travers la grand-messe que nous sert la télévision, avec sa publicité et ses injonctions à consommer. L'ostie passe mal chez certains. Ceux qui ne veulent pas communier avec leurs prochains à la grande messe de la consommation de masse sont excommuniés : ils voudraient « revenir à l'âge de pierre » paraît-il. Pas plus à l'âge de pierre qu'à l'âge de Saint-Pierre. Les partisans d'une croissance raisonnée ou d'une décroissance vitale, prônent au contraire, une avancée vers une société sereine *d'a-croissance*. Tout comme l'athée ne va pas communier, *l'a-croissant* se permet de ne pas courir les soldes. La décroissance n'est pas une croissance négative qui nous détournerait de la grande aventure humaine. C'est au contraire un courant de réflexion sur les méfaits du développement aveugle et de la croissance comme seuls projets de société à l'échelle planétaire. Son objectif est de retrouver une véritable abondance sur tous les continents et pour toutes les strates des populations, sans nuire à la planète.

Les 10 commandements de la nouvelle religion

Le monde est pris au piège de l'infernale spirale de la croissance. Aujourd'hui, il faut consommer pour consommer, non plus consommer pour se nourrir ou se vêtir. Consommer, et consommer toujours plus, devient vital pour entretenir un système qui ne trouve aucune solution pour s'extirper des 10 commandements qu'il vénère.

Premièrement, tu travailleras.

Deuxièmement, tu consommeras.

Troisièmement, tu travailleras plus.

Quatrièmement, tu consommeras plus.

Cinquièmement, tu gaspilleras.

Sixièmement, tu gaspilleras plus.

Septièmement, tu ne partageras pas.

Et les trois derniers commandements, ajoutés par le prophète « développement durable » :

Huitièmement, tu consommeras de préférence des produits « verts ».

Neuvièmement, étant donné que ces produits sont « verts », tu en consommeras sans modération.

Dixièmement, tu ne blasphèmeras pas à propos de la trinité : le Dieu *Croissance*, l'Esprit Saint *Consommation*, et le fils de Dieu, le sauveur, *Développement Durable*. Le fils de Dieu, paraît-il, aurait jeté son dévolu sur le numérique, les TIC étant « écologiques ». Ça rime, mais c'est tout.

Le développement « durable » ? Comment parler de durabilité quand précisément les objets TIC sont conçus pour durer de moins en moins longtemps ? Quand l'industrie du numérique participe gaiement à cette grande foire au gaspillage ? Quand il est demandé aux ingénieurs de perdre leur âme pour gagner du temps d'utilisation en moins ? Dans l'excellent ouvrage *Raisons et déraisons de l'obsolescence programmée* de Serge Latouche[5], tout comme dans le non moins excellent reportage *Prêt à jeter* d'Arte[6], est évoqué l'exemple emblématique d'une imprimante tombant en panne. Son propriétaire européen souhaite la réparer, et pour cela se rend dans de nombreux magasins du numérique ; tous ses interlocuteurs lui expliquent qu'il est absurde de la réparer étant donné le coût d'achat d'une nouvelle imprimante. Bref, tous le poussent à la jeter pour s'en procurer une nouvelle. Qu'à cela ne tienne, le propriétaire, résistant, dégourdi, décide, seul, de réparer la machine. Il tente d'en comprendre le fonctionnement et cherche sur Internet une solution à son problème. Il réussit à entrer en communication avec un internaute russe qui a été confronté au même problème avec la même imprimante. Le Russe a trouvé l'origine de la « panne » : une puce est insérée dans la machine contenant un compteur. Celui-ci compte les impressions effectuées, et dès lors que le compteur atteint le chiffre fatidique de 500 000 feuilles, les fabricants ont décidé que la machine devait rendre l'âme. Le propriétaire européen, grâce aux instructions du Russe, réussit à trouver la ligne logicielle où la programmation est effectuée, supprime cette instruction, et la machine ressuscite aussitôt !

Cette obsolescence programmée relève d'un sabotage technique, auquel participent les ingénieurs, collaborant ainsi au projet

5. Serge Latouche (2012), *Bon pour la casse ! Les déraisons de l'obsolescence programmée*, Les Liens qui Libèrent, 100 p.
6. *Prêt à jeter*, film documentaire réalisé en 2010 par Cosima Dannoritzer.

fou d'une économie de marché condamnée à utiliser des rouages de moins en moins éthiques pour survivre.

Ce qui doit être durable, c'est le développement, c'est la croissance, c'est le stade ultime du développement tel que défini par Rostow[7] : l'économie de marché. Et tant pis si ce n'est plus viable dans les conditions démographiques et écologiques actuelles. Tant pis si cela détruit notre planète. Tant pis si nous allons dans le mur. Tant pis si l'économie de marché devient l'obsolescence programmée de la population humaine. La machine est lancée à toute vitesse et nous ne savons plus comment l'arrêter. Elle roule toute seule, désormais, et ne roule plus que pour elle.

La pensée systémique nous apprend que le tout premier objectif de tout système constitué, que ce soit une entreprise, une association, une culture, une famille, un corps, une religion, une civilisation, n'importe quel système organique vitalisé (fourmi, plante...), est la survie. Tant qu'il y a de l'air, les poumons d'un être à l'agonie se remplissent. Peu importe qu'il sache que son heure a sonné, tant qu'il reste trois minutes à grappiller il est prêt à beaucoup de concessions avec sa conscience pour se maintenir en vie. Dans les sommets de l'horreur, on a appris par des témoins de la Shoah, que lorsqu'on ouvrait les chambres à gaz, on découvrait les squelettes entassés en forme pyramidale. Le gaz étant déversé par le bas et montant lentement, en grimpant sur les corps des autres, on pouvait, en arrivant au sommet de la pyramide, gagner deux minutes de vie supplémentaire. Les parents piétinaient leurs propres enfants,

7. Dans *Les étapes de la croissance économique* publié en 1960, l'économiste étasunien Rostow décrit une vision extrêmement linéaire et universelle du principe du « développement économique ». Les cinq étapes amenant au stade ultime qui est l'objectif à atteindre (la société de consommation) sont les suivantes : 1. La société traditionnelle ; 2. Les conditions préalables au décollage ; 3. Le décollage ; 4. La phase de maturité ; 5. L'âge de la consommation de masse. Ainsi tous les pays seraient engagés dans une même course, et tous seraient contraints de suivre les mêmes étapes pour arriver à la société de consommation. Avec cette première vision du développement, qui va être reprise par la présidence étasunienne pour assoir sa domination économique, est établie une distinction entre les pays développés et les pays non développés, les premiers devant nécessairement « rattraper » les seconds dans la course à l'atteinte de l'objectif ultime : la consommation de masse.

les plus forts se trouvaient en haut, les plus faibles – femmes, enfants, vieillards – en bas[8].

Lorsque la fin approche, le système s'emballe, il n'y a plus de place pour la pensée rationnelle, c'est un processus quasi mécanique qui s'empare du système pour le mener vers des processus de survie, peu importe l'éthique des moyens à utiliser pour y parvenir.

La genèse de la nouvelle religion : une injonction à la croissance infinie grâce aux TIC

« [27] *Dieu créa l'homme à son image...* [28] *Dieu les bénit et leur dit : "Soyez féconds, multipliez, emplissez la Terre et soumettez-la ; dominez sur les poissons de la mer, les oiseaux du ciel et tous les animaux qui rampent sur la terre"* »[9].

L'homme a été sage et a bien retenu la leçon. Il a été fécond, il s'est multiplié, il a empli, il a soumis, il a dominé.

La religion du numérique a certes manqué d'originalité, en plagiant, pour sa propre genèse, le livre le plus vendu au monde.

« Celui qui croit que la croissance peut être infinie dans un monde fini est soit un fou, soit un économiste »[10].

L'économie de marché (pourtant si jeune !), basée sur le précepte d'une croissance toujours continue de la consommation, est déjà à l'agonie. Dans le même temps que se développait l'idéologie de l'économie de marché, croissaient toutes les populations humaines, et décroissaient les ressources terrestres qui permettent précisément de subvenir aux besoins de ces populations.

8. Nyiszli M. (1961), *Médecin à Auschwitz : souvenirs d'un médecin déporté*, Paris, Julliard.
9. *La Bible de Jérusalem, La Genèse* (1981), p. 32, Les Éditions du Cerf, 1844 p.
10. Citation attribuée à l'économiste étasunien Kenneth E. Boulding.

Chaque seconde, la population mondiale s'accroît de 2,4 personnes (différence entre les naissances et les décès)[11], soit 144 individus de plus par minute, 8 640 par heure, 15 360 par jour ou encore 5,6 millions par an.

Depuis 2014, le nombre d'appareils mobiles dans le monde est supérieur au nombre d'habitants sur la planète, et ils croissent cinq fois plus vite que nous[12].

Pendant ce temps, les ressources planétaires diminuent. On estime à 2025 la fin du zinc, à 2050 la fin du pétrole, à 2087 la fin du fer[13]...

Nous sommes confrontés à un simple problème d'arithmétique : comment partager un gâteau (les ressources terrestres) de plus en plus petit en un nombre toujours plus grand de parts (la démographie galopante) ?

Tout enfant comprend les termes de ce problème. Dans une famille nombreuse où le nombre d'enfants ne cesse de croître et la taille du gâteau ne cesse de diminuer, lorsque les enfants doivent, seuls, en l'absence d'autorité supérieure, se partager le gâteau, les tensions sont multiples, les inégalités légions : les garçons s'octroient plus que les filles, les aînés plus que les benjamins, les forts plus que les faibles... Celui qui détient une part supérieure aux autres lutte et stresse pour la conserver, celui qui dispose d'une part infime lutte et stresse pour l'augmenter.

Si tout le monde, sur Terre, consommait comme un habitant moyen du Qatar, il faudrait 4,8 planètes pour subvenir aux besoins de la population[14].

---

11. Site Planetoscope : http://www.planetoscope.com/natalite/5-croissance-de-la-population-mondiale-sur-terre-naissances---deces-.html
12. Boren Z.D. (2014), « There Are Officially More Mobile Devices than People in the World », *The Independent*, Oct. 7, 2014.
13. Estimations calculées avec les hypothèses suivantes : réserves géologiques identifiées aujourd'hui, technologies actuelles et prix actuel.
14. Rapport « Planète Vivante 2014 », 2014, WWF, 180 p.

Pendant ce temps, si tout le monde, sur Terre, consommait comme un Africain, ce livre n'existerait pas, la planète subvenant – encore, mais pour combien de temps ? – aux besoins de la population.

Problème : les Africains, les Indiens, les Chinois veulent consommer comme les Étasuniens. Bref, ils veulent augmenter leur part du gâteau. De l'autre côté, les Qataris ou les Étasuniens veulent, *a minima*, conserver leur part, si ce n'est l'augmenter.

Tout enfant comprend qu'il est impossible d'augmenter la taille des parts d'un gâteau plus modeste quand le nombre d'enfants augmente.

Nous sommes donc confrontés à un problème de taille.

Dans une famille, voyant ses enfants se déchirer, le parent peut décider d'intervenir et d'établir une règle, par exemple décider tout simplement de partager le gâteau en parts égales.

En l'absence d'autorité supérieure, il paraît peu probable d'imaginer les enfants s'entendre pour atteindre cet objectif.

Quand George Bush (père) déclare : « *Le mode de vie américain n'est pas négociable* »[15], le ton est donné. Quand le fils ajoute : « *Le protocole de Kyoto est un accord pourri pour l'économie américaine* »[16] et qu'il décide de ne pas le signer, le clou est enfoncé. Quand Donald Trump déclare : « *Le concept de réchauffement climatique a été créé par et pour les Chinois pour affaiblir l'industrie américaine* »[17] et qu'il retire les États-Unis de l'Accord de Paris, on commence à comprendre que s'en remettre aveuglément à nos

15. Déclaration de George Bush père, alors président des États-Unis, à la conférence de Rio en 1992.

16. « *J'ai refusé le protocole de Kyoto parce qu'il aurait endommagé l'économie américaine, il aurait détruit l'économie américaine, c'était un accord pourri pour l'économie américaine* » a déclaré le Président des États-Unis G.W.Bush dans un entretien diffusé à la télévision britannique ITV (le 4 juillet 2005).

17. Tweet de Donald Trump envoyé le 6 novembre 2012 : « *The concept of global warming was created by and for the Chinese in order to make U.S. manufacturing non-competitive* » – realDonaldTrump (@Donald J. Trump).

dirigeants pour sauver la planète requiert une forte dose d'optimisme teintée d'une once d'inconscience.

On est dans le double discours inconciliable, dans un *double bind* qui rend fou. D'un côté la course au développement a été lancée par les États-Unis dans les années 1960 (rappelons que cette notion est fort récente) avec comme objectif prescrit à tous les pays du monde d'atteindre le stade ultime de développement, à savoir la société de consommation, tout en sachant qu'il est, d'un point de vue purement pratique, absolument IMPOSSIBLE à tous les pays du monde d'accéder au même mode de consommation que les Étasuniens : la Terre EXPLOSERAIT !

Le problème de la croissance de la consommation est concomitant au problème de la croissance démographique. Au temps de Jésus-Christ, seuls 250 millions d'individus foulaient la Terre, soit 3 % de la population actuelle. Jésus et tous les habitants de la planète auraient pu renouveler leur téléphone portable, tablette, télévision, ordinateur... tous les mois, voire toutes les semaines, même tous les jours, la planète aurait sans aucun problème supporté ce gaspillage. Ils auraient même pu utiliser un téléphone portable jetable après une seule utilisation, la planète aurait encore pu supporter ce gaspillage.

Avant d'être un problème moral ou éthique, la question du gaspillage des ressources en lien avec les TIC est avant tout un problème pratique ; avant d'être un problème métaphysique, c'est d'abord et avant tout un problème d'arithmétique.

Graphique 6 : L'explosion démographique

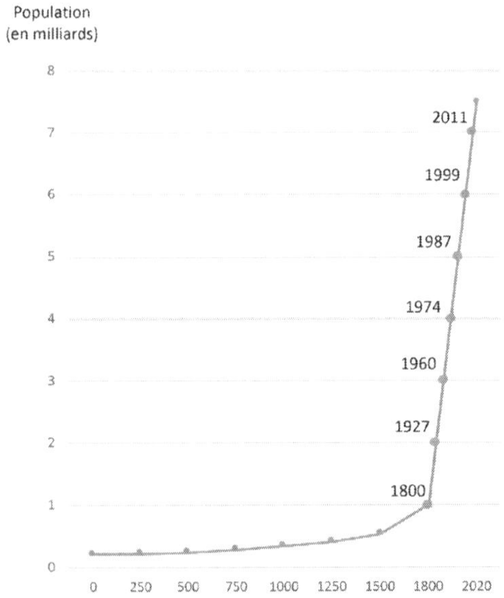

source : adapté de INSHEA

Les problèmes évoqués dans ce livre existent du fait que nous sommes confrontés à une véritable explosion démographique et que rien, ou si peu, n'est fait pour réguler ce problème, quand il n'est tout simplement pas nié, ignoré, non évoqué, tabou.

« *La question de la dépopulation doit être aujourd'hui la grande préoccupation des hommes de science, des économistes, des vrais patriotes ; c'est là qu'est l'avenir de notre race, de la France. La population de la Prusse ancienne s'est accrue de 1817 à 1864 de 10 millions à 19 millions d'habitants, tandis que la population française n'a augmenté, pendant le même temps, que de 8 millions. Or, ces différences, chaque jour écoulé les augmente à notre désavantage* » peut-on lire page 387 dans *La dépopulation en France – Causes. Remède au mal*, rédigé en 1877 par le Dr Cros, médecin-major des hôpitaux militaires[18].

18. Dr. Cros (1877), « Dépopulation en France – Causes. Remède au mal », dans *Annales d'Hygiène Publique et de Médecine Générale*, Série 2, n°47, p. 385-420.

Si cette formulation de 1877 paraît désuète, la question de fond est-elle différente aujourd'hui ? La vision est parcellaire, car aucun argument, à l'échelle globale, ne peut justifier la croissance de la population humaine sur un territoire fini aux ressources finies.

La question de la régulation démographique est un sujet absent des grands débats de société.

Chaque enfant préfère jouer dans sa chambre et posséder le maximum de petits soldats de plomb sagement alignés sur son étagère. Et peu importe si le plomb vient à manquer, si la peinture pour les décorer vient à manquer, si les ustensiles pour les armer viennent à manquer, il les fera moins beaux, plus fragiles, mais en voudra toujours plus que son frère dans la chambre à côté.

Une des dernières tentatives de l'économie de marché pour survivre à l'agonie dans une planète surpeuplée a été de s'accaparer le concept potentiellement dangereux de « développement durable » et de l'avoir détourné à son profit. Le concept est devenu creux, vide de sens. Il suffit pour s'en convaincre d'étudier les sites web des entreprises les plus polluantes de la planète : moins elles sont vertueuses, et plus la couleur verte domine. Plus elles polluent, plus elles communiquent sur leurs innombrables actions en faveur du développement durable[19]. Le « *greenwashing* » est en marche, la novlangue[20] de *1984* est de retour.

À l'heure où tout chef d'État tremble avant l'annonce des chiffres pour la croissance de son pays, comment imaginer que le secteur

19. Dans nos recherches sur la façon dont les entreprises du CAC 40 utilisent Internet pour communiquer sur leurs actions en termes de développement durable ou de Responsabilité Sociale de l'Entreprise, nous avons constaté, avec mes collègues Isabelle Bourdon et Claudio Vitari, que moins les entreprises sont vertueuses en termes de respect environnemental et plus elles communiquent sur leurs actions en faveur du développement durable (Vitari C., Bourdon I. et Rodhain F. (2018), « Les systèmes de communication Internet des entreprises du CAC40 : une étude longitudinale (2007-2015) », *Revue Recherches en Sciences de Gestion*, n°102, p. 105-126).

20. Dans l'État totalitaire dirigé par Big Brother (*1984* de George Orwell) une nouvelle langue est créée pour servir les intérêts de la répression ; les noms des ministères sont détournés : par exemple le ministère « de la Paix » s'occupe de la guerre.

des TIC, LE secteur par excellence où les chiffres de croissance sont mirobolants, soit régulé, soit contrôlé ? Ne serait-il pas hérétique de s'en prendre à ce secteur si prometteur pour faire monter les chiffres des ventes des cadeaux de Noël, avec son lot d'objets connectés, de smartphones, de tablettes, etc., sitôt utilisés sitôt jetés ? Qu'il est loin ce temps maudit où l'on recevait une montre pour sa communion, que l'on gardait ensuite... jusqu'à 10 ans parfois ; bien honteux ce communiant qui en conservant soigneusement sa montre n'entretenait pas la raison de vivre de sa patrie : la croissance par la consommation !

Des apôtres qui s'approprient les richesses aux dépens des pratiquants

2019 : alors qu'officiellement le monde économique est en « crise » et l'Europe en état d'austérité, on apprend qu'en 2018, le patron d'Apple a gagné plus d'un SMIC mensuel par heure. Sa rémunération ne cesse d'augmenter. Elle avait déjà doublé en 2015 grâce aux bénéfices engendrés par l'iPhone 8. En 2018, elle n'augmente « que » de 22 %, avec une compensation de 15,7 millions de dollars[21], ce qui représente 43 013 dollars par jour, soit 1 792 dollars par heure. Bien entendu, le patron d'Apple fait partie du cercle très fermé des milliardaires étasuniens.

Tous les cadres du secteur en profitent, le marché du recrutement dans les systèmes d'information est durablement porteur, comme le soulignent nombre d'analystes.

Quel homme politique prendrait le risque de tenter de réguler un secteur qui embauche ? Un secteur où les salaires s'envolent ? Qui comprendrait cette décision en période de « crise » ?

La « crise »...

21. « Compensation annuelle » accordée par le groupe californien à son patron composée d'un salaire de 3 millions de dollars et de 12 milliards de dollars accordés sur la base des bénéfices réalisés par le groupe en 2018 (bénéfice de 70,9 milliards de dollars).

Quelle « crise » ?

Y a-t-il crise, quand, entre 1993 et 2012, les revenus du « Top 1 » aux États-Unis (les 1 % les plus riches) ont augmenté de 86,1 % ?[22] En sachant qu'ils ont augmenté de 150 % au cours des 30 dernières années[23].

Y a-t-il crise, quand, au cours des 30 dernières années, les revenus des 0,1 % les plus riches ont augmenté de 300 % ?[24]

Y a-t-il crise, quand, entre 2008 et 2011, le niveau de vie moyen annuel des 10 % des plus riches Français a augmenté de 1 795 euros ?[25]

Y a-t-il crise, quand, entre 2009 et 2014, le patrimoine des 80 personnes les plus fortunées au monde a doublé ?[26]

Y a-t-il crise, quand, entre mars 2013 et mars 2014, le patrimoine des pharmaciens milliardaires a bondi de 47 % ?[27]

Y a-t-il crise quand le patrimoine privé des Européens n'a jamais été aussi élevé[28] ?

On l'aura compris, la « crise » est un concept tout relatif, qui profite aux riches apôtres et dessert les pauvres pratiquants.

Car qui doit payer pour la crise ? Certes pas les riches, qui s'enrichissent toujours plus en période de crise, pendant qu'on exhorte la majorité silencieuse à « faire des sacrifices » pour enrayer « la crise ».

---

22. « Aux États-Unis, les inégalités se sont creusées », par Pierre-Yves Dugua, site du Figaro, janvier 2014 (citant un rapport d'une commission du Congrès sur les inégalités).
23. Joseph E. Stiglitz (2012), *Le prix de l'inégalité*, Les Liens qui Libèrent, 509 p.
24. *Ibid.*
25. « L'évolution des inégalités de revenus en France », site de l'Observatoire des Inégalités, 13 février 2014.
26. « Insatiable Richesse : toujours plus pour ceux qui ont déjà tout », Rapport thématique OXFAM, janvier 2015, 14 p.
27. *Ibid.*
28. « Ces 1 % de riches qui vont capter autant de richesses que les 99 % restant de la planète », par Christian Losson, site de *Libération*, 19 janvier 2015 (citant une étude publiée par la banque suisse Julius Baer, publiée en octobre 2014).

S'il y a crise, c'est la crise de la répartition des richesses.

Pendant que les riches s'enrichissent, les pauvres s'appauvrissent.

Jamais dans l'histoire de l'humanité on n'avait sans doute autant respecté le septième commandement : « Tu ne partageras pas » (cf. p. 84).

Ainsi, depuis 2016, les 1 % les plus riches de la planète possèdent en patrimoine cumulé plus que les 99 % restant de la population mondiale[29].

En Europe, 10 % des ménages possèdent plus de la moitié de la fortune globale du continent[30].

En Grande-Bretagne, depuis 2014, les 5 familles les plus riches du pays possèdent autant que 12,6 millions de leurs compatriotes. La famille la plus riche possède autant que 10 % de la population la plus pauvre, c'est-à-dire 6 millions de personnes. Les écarts se creusent sans cesse en Grande-Bretagne : les 0,1 % les plus riches ont vu, ces 20 dernières années, leurs revenus croître 4 fois plus vite que 90 % de la population la moins aisée[31].

Le pays le plus inégalitaire des pays riches demeure les États-Unis, où 5 % détiennent 85 % des richesses[32].

La France rejoint également le bataillon des pays où l'inégalité sévit. À partir de 2008 (étrangement, époque à partir de laquelle on a commencé à situer la « crise »), un changement important s'est opéré en France : les riches ont gagné plus, et les pauvres moins.

29. « Insatiable Richesse : toujours plus pour ceux qui ont déjà tout », Rapport thématique OXFAM, janvier 2015, 14 p.

30. « Ces 1 % de riches qui vont capter autant de richesses que les 99 % restant de la planète », par Christian Losson, site de Libération, 19 janvier 2015 (citant une étude publiée par la banque suisse Julius Baer, publiée en octobre 2014).

31. « A Tale of Two Britains. The gap between rich and poor is growing – income and wealth are concentrated at the top while those at the bottom face increasingly hard times », Rapport OXFAM, mars 2014, 4 p.

32. « Ces 1 % de riches qui vont capter autant de richesses que les 99 % restant de la planète », par Christian Losson, site de Libération, 19 janvier 2015 (citant une étude publiée par la banque suisse Julius Baer, publiée en octobre 2014).

Ainsi, si le niveau de vie moyen annuel des 10 % les plus riches a augmenté de 1 795 euros, celui des 10 % les plus pauvres a... baissé de 360 euros[33]. Les milliardaires qui s'enrichissent le plus vite au monde sont les Français. Comme le mentionne le journal économique *Bloomberg*, au premier semestre 2019, pendant que les Gilets jaunes occupaient les ronds-points, les milliardaires français ont vu leur fortune bondir de près de 34,6 %, vitesse d'enrichissement record au monde, deux fois plus élevée que celle des milliardaires étasuniens (15 %)[34]. Dans l'Hexagone, seuls 21 milliardaires possèdent autant que les 40 % les plus pauvres[35].

La crise profite aux riches, la crise accroît les inégalités. Chaque jour, la fortune des milliardaires dans le monde s'accroît de 2,5 milliards de dollars[36]. Sous prétexte de crise, il est difficile de s'attaquer au secteur des TIC. Jusqu'au jour où ce secteur risque d'être totalement hors contrôle, car tellement plus puissant que les États qu'il aura mis à genoux.

L'explosion des inégalités se traduit également par un apparent paradoxe : aux riches les dollars, aux pauvres les TIC.

Remarquable le fait, qu'en 2017, l'homme le plus riche du monde ait fait fortune dans le secteur des TIC : Bill Gates, cofondateur de Microsoft aux États-Unis (86 milliards).

Remarquable également le fait que parmi les 7 hommes les plus riches de la planète, on dénombre 5 personnes ayant fait fortune dans le secteur des TIC (Bill Gates avec Microsoft, Jeff Bezos avec Amazon, Marc Zuckerberg avec Facebook, Carlos Slim Helu avec Telmex et Larry Ellison avec Oracle).

---

33. « L'évolution des inégalités de revenus en France », site de l'Observatoire des Inégalités, 13 février 2014.
34. Sazonov A. (2019), « France's Richest People Get Richer Faster Than Everyone Else », *Bloomberg*, 1er juillet 2019.
35. Communiqué de presse de Oxfam du 13 janvier 2017 : « DAVOS 2017 : huit personnes possèdent autant que la moitié la plus pauvre de la population mondiale ».
36. Selon les chiffres de 2016, voir : OXFAM (2017), rapport « Services publics ou fortunes privées », janvier 2017, 114 p.

Aucun autre secteur ne perce autant que celui des TIC, loin derrière sont relégués les banquiers.

En 2017, la fortune individuelle de Bill Gates a augmenté de 6,7 milliards de dollars. Chiffre incompréhensible pour la plupart des Terriens, dont certains n'ont sûrement même pas idée du nombre de zéros que cela représente. Une augmentation de 6,7 milliards de dollars en un an, cela représente un gain de 18,3 millions de dollars par jour. Chiffre encore trop éloigné de la réalité de milliards de Terriens pour faire sens… Il faut passer au stade de l'heure pour obtenir des chiffres parlants : Bill Gates a gagné 764 840 dollars de plus par heure. Ainsi, après chaque heure écoulée en 2017, uniquement à l'aide des revenus supplémentaires acquis en plus de tout le reste, Bill Gates pouvait acquérir une nouvelle villa de grand luxe, rêve inaccessible pour une majorité des Terriens. En l'espace d'une journée, il pouvait devenir propriétaire d'un village luxueux de 24 villas, en un an il pouvait posséder une ville comprenant 6 360 villas.

Rapporté à la minute, Bill Gates a gagné 12 747 dollars *de plus* par minute, ou encore 212 dollars de plus par seconde.

Si l'on cumule les 7 plus grandes fortunes individuelles dans le secteur des TIC, cela représente 321,5 milliards de dollars. Cela équivaut au cumul du PIB nominal des 79 pays ou territoires en queue de liste dans le classement de l'ONU. La seule fortune de Bill Gates est équivalente au cumul du PIB annuel des 50 pays et territoires au PIB mondial le plus faible (chiffres 2016).

Obscènes, ces inégalités, dites-vous ?

Que Bill Gates gagne 6,7 milliards de dollars de plus par an serait sans doute un non-évènement si tous les Terriens avaient accès à l'eau potable. Comment imaginer que cette concentration des richesses dans les mains de quelques-uns se fasse au détriment du plus grand nombre ?

Au sein d'une même entreprise, les inégalités ont également complètement explosé.

Dans les années 1930, le grand patron Henry Ford, qui a considérablement influencé le monde industriel, estimait qu'un PDG pouvait au maximum empocher 40 fois plus que le salaire le plus bas de son entreprise. Ce qui rejoint la vision du banquier Morgan, qui estimait qu'un PDG ne pouvait pas gagner 20 fois plus que la rémunération moyenne de l'ensemble des salariés[37].

Si ces patrons influents du siècle dernier revenaient aujourd'hui, ils seraient certainement surpris – et choqués – de la tournure qu'a pris le capitalisme.

En France, un PDG français du CAC40 et du SBF120 gagne 77 fois plus que la moyenne des rémunérations de ses salariés. En 2018, la rémunération de Tim Cook, à la tête d'Apple, représente 283 fois celle d'un employé moyen d'Apple qui gagne 55 426 dollars par an (soit 4 000 euros par mois). La seule rémunération de Tim Cook en 2018 représente 955 années de SMIC.

« *Si un État veut éviter* [...] *la désintégration civile* [...], *il ne faut pas permettre à la pauvreté et à la richesse extrêmes de se développer dans aucune partie du corps civil, parce que cela conduit au désastre. C'est pourquoi le législateur doit établir maintenant quelles sont les limites acceptables à la richesse et à la pauvreté* » nous recommandait Platon au IVe siècle av. J.-C.[38] Et le philosophe de proposer un écart de... 1 à 4 ! « *Il ne peut y avoir de stabilité dans un monde où 1 % de l'humanité détient autant de richesses que le reste de la population* » s'inquiétait le président Obama dans un discours prononcé en septembre 2016 devant les Nations unies[39].

37. Jean Gadray (2008), « L'éventail acceptable des revenus : Platon, Georges Marchais, etc. », Blog sur Alternatives Economiques.fr (précisons que l'économiste Jean Gadray ne possède pas la source de cet écart de 40 attribué à Henry Ford, et nous ne l'avons pas non plus retrouvée).
38. Platon, *Les Lois*, L.744d.
39. OXFAM (2017), « Une économie au service des 99 % », rapport OXFAM, janvier 2017, 56 p. (voir page 2).

Où est le législateur ? Qui régule ce capitalisme sauvage aboutissant à des écarts toujours plus aberrants, immoraux, injustifiables, dangereux, et, de surcroît, totalement inefficace ? Car si l'inégalité est injustifiable moralement, elle l'est tout autant économiquement, comme nous le révèle le prix Nobel d'économie Joseph Stiglitz : « [...] *nous avons un système qui œuvre jour et nuit à faire passer l'argent du bas et du milieu vers le haut de l'échelle, mais il est si inefficace que les gains des riches sont très inférieurs aux pertes des classes moyennes et des défavorisés. Nous payons très cher la démesure et l'aggravation de notre inégalité : par un ralentissement de la croissance et une baisse du PIB* [...] »[40].

Jusque dans les années 1980, les écarts étaient « tenus », maîtrisés par les grands patrons eux-mêmes pour des raisons à la fois économiques et morales. Mais depuis tout a basculé : si en 1980, aux États-Unis, les salaires des PDG des grandes entreprises représentaient 20 fois le salaire ouvrier, ils passaient à 85 fois le salaire ouvrier en 1990, et explosaient à 531 fois la rémunération ouvrière en 2000. Depuis, la courbe ne cesse son envolée exponentielle.

Les curés du numérique : faites ce que je dis, pas ce que je fais

Les inégalités salariales se retrouvent dans l'accès aux nouvelles technologies. La « fracture numérique » n'est pas celle que l'on croit. Bien au contraire : les riches vont avoir la possibilité de se prémunir des effets néfastes du numérique, alors que les pauvres y seront englués.

Ainsi, dans la Silicon Valley, Terre promise du numérique, prospèrent les écoles « Warldorf » (on en compte 40 en Californie), où le numérique est totalement banni[41]. Dans ces écoles, qui

40. Voir p.22 du livre *Le prix de l'inégalité*, Joseph Stiglitz, Les Liens qui Libèrent, 2012, 510 p.
41. Matt Richtel (2011), « A Silicon Valley School That Doesn't Compute », site web du New York Times.

accompagnent les enfants de la maternelle à l'entrée à l'Université, on ne rencontre aucun ordinateur, aucune connexion Internet : l'école est totalement déconnectée. On y utilise des outils d'un autre âge : des stylos, des feutres, du papier... Quel est donc le profil des parents envoyant leurs enfants dans de telles écoles rétrogrades ? Les pauvres ? Les ignorants ? Les fous ? Que nenni : les trois quarts des parents sont de riches cadres du numérique : ils travaillent pour Google, Yahoo, Apple, Hewlett-Packard... Accomplir un tel choix n'est pas l'apanage du premier quidam venu : il s'agit d'acquitter un ticket d'entrée conséquent. Ainsi, les frais d'inscription se montent à pas moins de 13 000 euros par an de la maternelle au collège, et grimpent à 18 000 euros par an au lycée.

Imaginerions-nous le PDG de McDonald's envoyer ses enfants se restaurer quotidiennement dans les fast-foods qu'il dirige ?

Thierry Klein, président de Speechi (entreprise de logiciels de formation en ligne), explique ainsi les raisons poussant les cadres du numérique à préserver leurs enfants du *tout numérique* :

« *Il y a bien sûr la conviction, étayée maintenant par de nombreuses études, que la technologie n'améliore pas, ou pas beaucoup, le niveau des élèves* [...]. *Mais le facteur clé qui justifie cet ostracisme est la conviction qu'ont les parents que non seulement la technologie n'est pas utile en classe, mais divertit les élèves, les détourne du savoir.* [...] *Les concepteurs des machines que sont Google, l'iPad ou encore eBay sont parfaitement conscients du phénomène d'addiction qu'ils créent et veulent préserver leurs enfants. C'est d'un cynisme génial* »[42].

Pendant que les écoles sans ordinateurs réservées aux enfants des *geeks* n'alimentent pas les caisses des sociétés du numérique, celles qui les renflouent sont précisément les écoles... des pauvres. Ces dernières se serrent la ceinture pour acquérir le dernier ordinateur,

42. « Dans la Silicon Valley, les geeks paient très cher pour envoyer leurs enfants dans des écoles sans aucun ordinateur », Thierry Klein sur le blog de Speechi, 22 février 2012.

la dernière tablette, le dernier logiciel de formation... et ce au détriment des salaires des enseignants qui sont gelés, des cours de musique, d'art et d'éducation physique qui sont réduits[43], quand les enseignants, coûtant trop chers, sont purement et simplement remplacés par le numérique, comme cela a été le cas au lycée de North Miami Beach où les élèves, sans avoir été prévenus, se sont retrouvés à la rentrée placés dans un « labo virtuel », sans professeur[44]...

Dans le district scolaire pilote de Kyrene en Arizona, où l'on a choisi d'investir massivement dans le *tout numérique*, les enseignants se confient : « *Nous avons des ordinateurs dans les salles de classe, mais pas assez d'argent pour acheter du papier, des crayons et du désinfectant* ». Ici, les salaires des enseignants sont gelés depuis 2008, et nombre d'entre eux cumulent un second emploi pour arrondir leurs fins de mois.

Le cynisme est vraiment total : les enfants des pauvres enrichissent les géants du numérique pendant que les enfants des géants du numérique évitent la facture.

La facture de la fracture est payée avec fracas par les enfants « d'en bas ».

Et les États croisent les bras...

Que pèsent-ils face aux multinationales du numérique, toujours plus puissantes ?

La laïcité numérique est-elle possible quand le pouvoir étatique s'affaiblit face aux géants du numérique ?

Les multinationales possédées par les 1 % les plus riches de la planète sont extrêmement virulentes dans le rapport de force qu'elles

43. « Dans la salle de classe du futur, les résultats ne progressent pas », par Hubert Guillaud, septembre 2011, site Internet Actu.net, reprenant un article du *New York Times*.
44. « Une salle de classe sans prof », par Laura Herrera, *New York Times*, repris par *Courrier International*, mars 2011.

ont engagé avec les États. Elles utilisent leurs ressources financières pour renforcer leur lobbying auprès des plus grosses puissances mondiales (États-Unis et Europe), avec pour objectif de mettre en place des réglementations protégeant et renforçant leurs intérêts.

Comme l'explique Joseph Stiglitz[45], les riches font plus qu'influencer la politique, ils la font : « *Ce sont eux qui fixent les règles du jeu politique qu'ils mettent au service de leurs intérêts* ».

Quand la moitié des élus au Congrès aux États-Unis sont millionnaires[46], que penser de la véritable représentation populaire du pays ?

La démocratie a-t-elle encore un sens quand les multinationales sont plus puissantes que les États et les dirigent de façon souterraine ?

Pendant que la plupart des États sont endettés, Google affiche une santé financière à faire pâlir tout chef d'État. En 2017, Google dépasse pour la première fois la barre symbolique des 100 millions de dollars de chiffre d'affaires. Avec un bénéfice net de 12,6 milliards de dollars, le profit engendré est de 35 millions de dollars par jour, ou encore 25 000 dollars par minute. Google est la deuxième capitalisation boursière au monde avec 579 milliards de dollars derrière Apple. Le groupe Apple, quant à lui, dispose de 150 milliards de dollars de trésorerie (c'est-à-dire que l'entreprise, si elle le souhaitait, pourrait verser 2 242 dollars comme cadeau de Noël à chacun des 66,9 millions de Français), pendant que de nombreux États croulent sous les dettes...

À lui seul, le secteur technologique dispose de 775,2 milliards de cash...

S'il semble que les États font plutôt montre de réticence et de frilosité dans leurs rapports avec les multinationales du numérique, ils n'auront bientôt, s'ils ne régulent pas suffisamment, peut-être

45. Joseph E. Stiglitz (2012), *Le prix de l'inégalité*, Les Liens qui Libèrent, 509 p.
46. « One Member of Congress = 18 American Households : Lawmakers' Personal Finances Far From Average », par Russ Choma, 12 janvier 2015, website Center for Responsive Politics.

plus les moyens de le faire, tant la machine politique sera grippée par ces multinationales.

« Faut-il avoir peur de Google ? », s'interrogent de plus en plus souvent les journalistes dont certains n'hésitent plus à comparer l'Europe à David et Google à Goliath.

Google déjà plus fort que l'Europe ?

Les fondateurs de Google rêvent d'un monde sans État, un monde tel un jeu vidéo, où tout pourrait être expérimenté.

« [...] *les maîtres de Google s'agacent d'être freinés par des réglementations qu'ils considèrent comme absurdes, rétrogrades, voire illégitimes. D'où leurs efforts pour éviter de se soumettre à nos lois sur la fiscalité, la concurrence, la propriété intellectuelle ou les données personnelles. Quand il se laisse aller, Larry Pages – cofondateur de Google – rêve de communautés hors-sol, régies par et pour la technologie : "Il y a beaucoup de choses excitantes qui sont illégales ou interdites par certaines réglementations", a-t-il expliqué lors d'une conférence pour ses développeurs, en mai 2013. Conclusion ? Il faudrait "mettre de côté une partie du monde" pour y faire des expérimentations en toute liberté* »[47].

Mark Zuckerberg, fondateur de Facebook, possède la 5e plus grande fortune mondiale en 2018 avec 71 milliards de dollars. Si l'on compare ce chiffre avec le classement des pays par PIB établi en 2016 par l'ONU, sur 212 pays classés, le premier pays sous la barre des 71 milliards de dollars est le Kenya, en 69e position. Ainsi, on recense 143 pays au monde dont le PIB est inférieur à la fortune personnelle d'un jeune homme de 34 ans, qui aurait la prétention, selon nombre d'analystes[48], d'accéder d'ici peu à la présidence de la République de la première puissance économique mondiale.

---

47. Extrait de l'article de Dominique Nora : « Efficacité, Individualisme, Immortalité. Le monde selon Larry Page », p. 38, *L'OBS*, Edition n° 2615, décembre 2014.

48. « More signs point to Mark Zukerberg possibly running for president in 2020 », site web de CNBC, 15 août 2017 – « Mark Zikerberg : futur président des États-Unis ? », *Le Figaro*, 18 janvier 2017.

En janvier 2017, Donald Trump prenait la tête du pays le plus puissant du monde. On sait depuis que son élection est entachée d'une propagande « pro-Trump » en ligne, avec ingérence russe à la clé, les géants du Net ayant été utilisés pour siphonner les données personnelles des utilisateurs.

Ainsi, Facebook est suspecté, par négligence, d'avoir contribué à l'élection de Donald Trump. En laissant la société Cambridge Analytica collecter les données de millions d'utilisateurs de Facebook, sans leur consentement, les données étaient analysées par les équipes de campagne de Donald Trump pour réaliser des profils psychologiques d'électeurs qui se voyaient exposés à des publicités politiques ciblées pour les convaincre de voter Trump.

126 millions d'utilisateurs de Facebook ont également été exposés aux contenus de la campagne visant à élire Trump, créée par l'Internet Research Agency (IRA), une usine à propagande russe. Cette « agence », située à Saint-Pétersbourg, créait des centaines de faux comptes appartenant soi-disant à des Étasuniens, afin de poster des contenus propagandistes sur Facebook, Instagram, Twitter, YouTube, Reddit, Tumblr, Pinterest ou Vine[49].

D'après Christopher Wylie, lanceur d'alerte, ancien directeur de recherche et l'un des fondateurs de la société Cambridge Analytica au cœur du scandale qui secoue Facebook, sans Cambridge Analytica, le Brexit n'aurait pas eu lieu. « *Beaucoup de projets de Cambridge Analytica consistaient à aller dans un pays et à travailler à remporter une élection* »[50] déclare-t-il.

En 2018, face au congrès étasunien, sommé de s'expliquer, Mark Zuckerberg joue encore et toujours la carte des « excuses ». La

49. Autran F. (2018), « Ingérence russe : la méthode troll », *Libération*, 18 décembre 2018.
50. Delesalle-Stelper S. (2018), « Sans Cambridge Analytica, il n'y aurait pas eu de Brexit », *Libération*, 26 mars 2018.

démocrate Jan Schakowsky, au Congrès, a ainsi listé la longue liste d'excuses du fondateur de Facebook[51] :

« 2006 : "Nous avons vraiment fait une erreur" »

« 2007 : "Nous avons fait du mauvais travail, je m'excuse" »

« 2010 : "Parfois nous allons trop vite" »

« 2011 : "Je suis le premier à admettre que nous avons fait pas mal d'erreurs" »

« 2017 : "Je vous demande de me pardonner, je vais faire en sorte de m'améliorer" »

Puisque Zuckerberg fait acte de contrition, pourquoi ne pas lui donner l'absolution ? N'est-on pas absous de tous ses péchés dès l'instant où ils sont confessés ?

Pape du premier réseau social au monde, le plus judicieux pour lui serait en effet de participer à la course à la Maison Blanche, afin de marier numérique et politique, numérique et étatique, brouiller encore plus les pistes, s'éloigner toujours plus du rêve d'une laïcité numérique, et, le jour de son sacre, prêter serment non pas sur la Bible mais sur les conditions d'utilisation de Facebook, bien plus indigestes que les Écritures : « *Elles font 3 200 mots avec trente liens. Un seul de ces liens mène à votre politique de gestion des données, qui fait à peu près 2 700 mots avec 22 liens. Personne n'a la moindre idée de ce pour quoi il signe* » déclarait le sénateur républicain Kennedy au Congrès, avant de poursuivre : « *Ce que tout le monde tente de vous dire aujourd'hui : vos conditions d'utilisations sont nulles* »[52].

George Orwell, dans *1984*, avait tenté d'imaginer un monde totalitaire où tous les faits et gestes des individus seraient contrôlés. Il a échoué à prédire ce qui est arrivé : le pouvoir de Google ou de

51. Tual M. (2018), « Facebook : face au Congrès américain, la stratégie des excuses ne suffit plus », *Le Monde*, 11 avril 2018.

52. « 5 choses à retenir de l'audition de Mark Zuckerberg devant le Congrès », site web du *Journal du Geek*, 12 avril 2018.

Facebook est à certains égards bien plus puissant que celui procuré par les « télécrans » du roman.

Big Brother peut aller se rhabiller.

À la différence près que dans le roman les individus semblaient subir cette surveillance. Tandis que pour l'instant la plupart des individus semblent s'ajuster plutôt agréablement à cette surveillance co-produite, jusqu'au jour peut-être où aucun retour en arrière ne sera plus permis. Manque de conscience ou « soumission librement consentie » ? Peu importe le procédé, le résultat risque d'être identique.

Tant que nous vivons dans un État libre et sécurisé, nous pouvons, sans crainte, passer nos journées à renseigner nos faits et gestes dans le monde numérique ou à nous positionner de telle façon à « être renseigné » dans le numérique par les autres ou par les systèmes automatisés.

Mais alors, croyants du numérique, prions ! Prions pour que les données ainsi récoltées ne tombent pas entre toutes les mains, et prions pour ne jamais changer de régime politique...

Au cours d'un procès impliquant des collégiens ayant détruit un système de contrôle biométrique dans leur collège (système qui n'avait pas reçu l'autorisation de la CNIL – système par ailleurs dénoncé par nombre de pédopsychiatres), l'ancien directeur de la CNIL a été cité à la barre. Il a affirmé qu'à l'époque de la Seconde Guerre mondiale, si on avait possédé les systèmes informatisés dont on dispose aujourd'hui, il n'y aurait quasiment eu aucun survivant à la Shoah[53].

53. Audition de M. Louis Joinet, expert indépendant auprès de la Commission de droit de l'homme de l'ONU, 8 mars 2005. M. Joinet, dans cette audition, explique qu'il a enquêté sur les conséquences qu'auraient pu avoir sous le régime de Vichy – à l'égard de la communauté juive – les banques de données liées au projet de Carte nationale d'identité infalsifiable. Il explique que pendant les préparations de la Shoah, la Gestapo s'est plainte des lourdeurs liées aux réunions préparatoires. Puis il affirme : « Avec les applications récentes, notamment à l'aide de celles qui sont actuellement à l'étude, il ne serait plus nécessaire d'être astreint à de lourdes réunions préparatoires. Il suffirait, à la limite, de réunir à minuit deux ou trois informaticiens pour éditer, à partir d'un fichier de population performant, les listes nécessaires pour organiser une rafle à l'aube en supprimant quasiment tout risque de fuite ».

Nos enfants tenus à se faire baptiser le plus tôt possible à coups de biométrie

Le but de la biométrie est d'identifier les individus grâce à leurs caractéristiques biologiques (empreinte digitale, iris...).

Introduire la biométrie dans les écoles françaises fait partie d'un « plan » proposé par les industriels de l'électronique et du numérique, largement développé dans le « Livre bleu »[54] de ces industriels, remis à l'État français en 2004.

Le but de ce Livre bleu est de pousser le gouvernement à investir dans le secteur des TIC. La conclusion du rapport, laconique au possible, tient en une phrase (p.72) : « *Compte tenu des enjeux qu'il constitue pour notre économie, nos emplois et pour l'avenir de la société toute entière, le secteur de l'électronique, du numérique et des TIC doit être clairement déclaré priorité stratégique et, dès lors, être soutenu de manière volontariste par l'État français* ».

Seulement, nos industriels – juges et parties en l'occurrence – butent sur un problème : « l'acceptation » des outils de surveillance par les Français. Comment résoudre ce problème ? Qu'à cela ne tienne, ils proposent des solutions à nos chers politiciens en manque d'imagination :

« *Acceptation par la population :*

La sécurité est très souvent vécue dans nos sociétés démocratiques comme une atteinte aux libertés individuelles. Il faut donc faire accepter par la population les technologies utilisées et parmi celles-ci la biométrie, la vidéosurveillance et les contrôles.

Plusieurs méthodes devront être développées par les pouvoirs publics et les industriels pour faire accepter la biométrie. Elles devront être accompagnées d'un effort de convivialité par une reconnaissance de la personne et par l'apport de fonctionnalités attrayantes :

54. « Livre bleu. Grands programmes structurants. Propositions des industries électroniques et numériques », juillet 2004, 74 p.

- *Éducation dès l'école maternelle : les enfants utilisent cette technologie pour rentrer dans l'école, en sortir, déjeuner à la cantine, et les parents ou leurs représentants s'identifieront pour aller chercher les enfants.*
- *Introduction dans des biens de consommation, de confort ou des jeux : téléphone portable, ordinateur, voiture, domotique, jeux vidéo.*
- *Développer les services «* cardless *» à la banque, au supermarché, dans les transports, pour l'accès à Internet...*

La même approche ne peut pas être prise pour faire accepter les technologies de surveillance et de contrôle, il faudra probablement recourir à la persuasion et à la réglementation en démontrant l'apport de ces technologies à la sérénité des populations et en minimisant la gêne occasionnée. Là encore, l'électronique et l'informatique peuvent contribuer largement à cette tâche » (p. 35).

Dans ce « Livre bleu » de 2004, comme dans le « Livre blanc sur la sécurité publique » du ministère de l'Intérieur de 2011[55], est pointée la résistance de la population aux nouvelles technologies pouvant être considérées comme intrusives.

« [...] *le recours aux nanotechnologies combiné notamment à la géolocalisation est susceptible d'induire des craintes quant à la protection des libertés individuelles* » peut-on lire page 180.

Que faire, dès lors, pour minimiser la résistance des populations ? Une première réponse avait été délivrée en 2004 dans le « Livre bleu » : habituons les enfants dès leur plus jeune âge à manier la biométrie et rendre cet aspect ludique.

Que peut faire la police face à la résistance induite, entre autres, par la « *vidéoprotection* » ? Remarquons qu'en 2011, le mot « vidéo-surveillance » utilisé dans le Livre bleu a disparu au profit du terme « vidéoprotection ». De la même façon, le mot « acceptabilité »

55. « Livre blanc sur la sécurité publique », 2011, 187 p.

a disparu au profit du terme « appropriation »... Novlangue, quand tu nous tiens...

Comment, donc, le ministère de l'Intérieur peut-il annihiler toute velléité de résistance à la surveillance électronique ?

Réponse du « Livre blanc » :

« [...] *à n'en pas douter, l'importance du ressenti de la "menace" (qu'elle soit à des fins terroristes ou mercantiles) est à même de contribuer à une perception plus favorable de la société en matière d'emploi des nouvelles technologies* [...] ».

Autant le mot vidéosurveillance a été savamment trafiqué, autant le message délivré ici est étonnamment demeuré prosaïque : utilisons la peur comme arme d'aliénation massive de la population.

À n'en pas douter, la programmation de l'aliénation est en marche ; l'individu, tout à sa joie de découvrir les nouvelles fonctionnalités de l'iPhone 10, jette son iPhone 9, et avec lui, sa conscience, et à terme peut-être, sa liberté.

Il faut également rassurer les consommateurs un peu trop sensibles à l'écologie. Ainsi, dans le rapport des ministères de l'Écologie et de l'Économie de 2008 discutant des liens entre TIC et développement durable, on peut lire :

« *Si la forte consommation énergétique des TIC a pu rester discrète pendant les années récentes, son importance commence à être identifiée. En effet, la disparité des contraintes appliquées aux produits blancs et aux produits bruns, et, corrélativement, la forte consommation actuelle de ceux-ci, commencent à être perçus du public. Il est ainsi à craindre qu'une réaction des consommateurs n'atteigne l'ensemble du secteur des TIC. Des mesures ciblées, visant à rassurer le consommateur, sont en conséquence de l'intérêt objectif de la profession* »[56].

56. Page 69 du rapport : « TIC et Développement Durable », 2008, Breuil *et al.*, 96 p.

Pour consommer et accepter les nouvelles technologies, les industriels veulent nous faire « jouer », les policiers veulent nous faire « peur », l'État veut nous « rassurer » ; ressorts assez vils, qui ne contribuent pas à élever les consciences, mais à éteindre toute velléité de résistance.

Les industriels du « Livre bleu » ont sans doute eu vent de la charmante histoire de la grenouille qui ne voulait pas finir bouillie.

Avalez l'ostie, dites Amen, respectez les 10 commandements, et attendez sagement l'extrême onction

Petite leçon de choses : comment réussir à faire bouillir une grenouille ?

Prenez une grande marmite et faites monter l'eau à ébullition. Prenez la grenouille et jetez-la dans l'eau bouillante. Que se passe-t-il ? La grenouille saute énergiquement et s'extrait de la marmite.

Vous avez perdu.

Deuxième tentative. Vous réfléchissez et vous vous dites que si la grenouille y mettait du sien cela rendrait votre tâche plus facile.

Vous prenez une grande marmite. Vous y mettez de l'eau à peine tiède, température absolument idéale pour la grenouille. Vous l'y plongez en lui faisant moult promesses de paradis terrestres. La grenouille se repait dans l'eau et se repose. Vous faites alors chauffer l'eau, si lentement que cela ne parvient pas à sa conscience. La chaleur monte imperceptiblement, ramollissant progressivement ses capacités cognitives et sensorielles. Elle se meut en légume... ses capacités de résistance s'amoindrissent... elle se rend finalement compte que quelque chose cloche : il fait trop chaud, elle aimerait bien sortir, mais pour cela il faudrait amorcer un mouvement, bouger un muscle, et surtout activer ses neurones pour commander l'action. Allez, elle s'y mettra dans deux secondes, mais après deux secondes la température a encore monté et bientôt la grenouille plonge dans le coma. Faites encore monter la température, revenez dans quelques minutes, et récupérez votre grenouille bouillie.

Bravo, vous avez gagné.

Si vous êtes encore plus fort, vous pouvez même réussir à faire bouillir une grenouille sans même la déposer dans la marmite. Il suffit de l'y attirer, avec des mots doux... Après un peu de persuasion, vous serez en capacité de vous décharger de la responsabilité de sa cuisson : elle aura, seule, acceptée, librement, de se soumettre à votre volonté, et se sera joyeusement plongée dans le bain tiède.

Pauvres grenouilles inconscientes que nous sommes.

Cette recette aurait aussi bien pu s'intituler : « De l'*Acceptabilité* de l'eau bouillante par la grenouille ».

Si nous ne voulons pas finir bientôt bouillies, gardons-nous d'avaler la soupe qu'on veut nous faire ingurgiter dans la grande marmite.

Il y a mille façons de nous y conduire. Cela commence par exemple avec un simple téléphone portable, utilisé uniquement pour joindre d'autres personnes. Il évolue, il devient notre montre, notre calculatrice, notre réveil matin, notre agenda, notre annuaire personnel. Nous dormons avec. Puis il nous permet d'acheter, de prendre des photos, de recevoir nos e-mails, de trouver l'âme sœur, de trouver notre chemin, de savoir où aller manger lorsque nous nous trouvons à proximité de restaurants. Dès lors, on devient dépendant, on a même perdu certaines fonctions cognitives, par faute d'utilisation. L'objet est devenu une prothèse. Il remplace notre sens de l'orientation, notre mémoire...

L'outil finit par devenir une extension de soi dont on ne peut plus se passer.

Ce qui est ennuyeux, c'est que toutes ces fonctionnalités sont loin d'être personnelles. Tout ce que nous faisons est stocké, enregistré, mémorisé, classé, transmis, analysé. Dès lors, on connaît nos amis, nos goûts, nos préférences, notre orientation sexuelle, nos heures de veille, nos opinions, nos fautes d'orthographe préférées, nos trajets, notre profil psychologique. On sait toujours exactement à quel endroit nous nous trouvons à toute heure du jour et de la nuit. Comme nous ne pouvons plus vivre sans l'outil, nous nous disons : « je n'ai rien à cacher »... C'est ce que pensaient certainement les Juifs avant la Seconde Guerre mondiale. Quand, dans l'histoire de l'Humanité, une simple identité culturelle a pu constituer une donnée déterminant la VIE ou la MORT, comment ne pas s'inquiéter de l'usage qui pourrait être fait de nos données personnelles, incommensurablement plus nombreuses et signifiantes qu'elles ne l'étaient en 1939 ?

Nous sommes – pour l'instant tout du moins, c'est-à-dire tant que nous vivons dans une société démocratique où la liberté reste une valeur fondamentale, partagée et respectée – tous responsables.

Il s'agit d'être conscient du projet de société auquel on participe en disant « Amen » tout en avalant l'Ostie.

Si l'on tend de la nourriture avariée à un chat et qu'il s'en satisfait, il y a de forte chance que le propriétaire ne cherche pas à lui procurer de la meilleure marchandise. S'il la refuse, c'est une autre histoire.

Pour refuser, pour résister, il s'agit d'être conscient, de connaître, de soulever le rideau, de regarder derrière les apparences, d'utiliser sa clairvoyance, de demeurer éveillé, de ne pas sombrer dans la marmite d'eau tiède.

« *Résister ? C'est essayer de comprendre ce qui se passe dans la société qui nous entoure* », « *Comprendre, c'est rendre la lutte possible* » proclamait le grand résistant Raymond Aubrac peu de temps avant sa disparition...

Conclusion
Se réveiller, penser, résister, oser l'hérésie

L'objectif de cet essai n'est pas de remettre en cause l'essence des TIC. Ils font désormais partie de notre vie quotidienne, sont d'une utilité indéniable. Il n'est ni question de louer de façon nostalgique un passé soi-disant chantant, ni question d'attaquer la nature même des TIC. Le déterminisme technologique est un leurre. Les TIC n'ont pas intrinsèquement de valeur positive ou négative ; tout dépend de l'utilisation qui en est faite. Une utilisation excessive débouchant sur des addictions peut devenir problématique. Ne nous trompons pas de cible : l'outil n'est pas condamnable. Objet inanimé, il n'est responsable de rien. Seul l'acteur, doué de discernement, mais également doué de la capacité d'en faire ou non usage, est responsable de son comportement, de ses compulsions, de la souplesse dont il peut faire preuve à l'égard de sa conscience.

C'est une bonne nouvelle, car le corollaire de ce principe est qu'il est possible d'apporter de la régulation.

On l'aura compris, il est illusoire d'attendre que la régulation vienne du niveau sociétal.

Il est fort peu probable que la régulation émane des multinationales, qui n'ont aucun intérêt à ce que le consommateur soit en état d'éveil. Bien entendu cette régulation ne peut être portée que par un État fort, agissant comme un contre-pouvoir face aux gourmandises excessives des firmes.

Là où le bât blesse, c'est lorsque la politique est minée par le lobbying. Quand Joseph Stiglitz dénonce la présence de 2,5 lobbyistes pour un 1 seul élu au Congrès étasunien[1], on comprend que le champ politique est rongé de l'intérieur... Ainsi, l'inégalité, selon Stiglitz, est entièrement imputable de façon combinée au marché et à la politique. La politique devrait permettre de réguler, de répartir les richesses... Lorsque Madame Bettencourt payait moins d'impôt que les salariés de L'Oréal, lorsque l'État ne parvient pas à faire respecter la loi sur l'interdiction du monopole (Microsoft), lorsque l'État pousse au tout numérique en fonçant tête baissée avec un discours relevant de la croyance et non de la science, il devient légitime de s'interroger sur la capacité de l'État à réguler.

S'il n'est pas question de critiquer les TIC de façon intrinsèque, il est tout aussi suspect de leur attribuer des vertus *a priori*, d'imposer ou d'agir comme le fait l'État de façon à généraliser le tout numérique dans l'enseignement dès le plus jeune âge, sans qu'aucune étude pluridisciplinaire et à long terme n'aiguille la décision politique. On sort alors de la rationalité scientifique. Le tout numérique auréolé de toutes les vertus sans démonstration relève de la croyance et non de la science. Force est de constater que l'État semble plutôt se diriger à l'heure actuelle vers une course effrénée dans le tout numérique, version religion.

Mais demeure l'acteur le plus puissant qui soit : le consommateur, le citoyen, le quidam, le salarié. Lequel, malheureusement, méconnait souvent son pouvoir, ou se méprend sur les forces systémiques en jeu.

1. Joseph Stiglitz (2014), *Le prix de l'inégalité*, Actes Sud, p. 91, 510 p.

l'impact de son action peut lui paraître si minime qu'elle en devient ridicule, ou encore rejette-t-il la responsabilité sur l'État ou sur les marchés, comme si lui-même n'en faisait pas partie intégrante dans notre monde complexe, interrelié. Imputer la responsabilité au seul collectif est un vice de raisonnement qui risque de le paralyser ou, pire, de justifier ses propres actions non vertueuses, égalant en cela, au final, le politique ou le marchand qu'il condamne.

Et pourtant, lorsque toutes les gouttes d'eau se réunissent pour former un tsunami, rien ne résiste à son passage. Le réveil de la conscience individuelle est la force la plus puissante qui soit, et cette force est en chemin.

Pour ne citer que l'exemple de la consommation énergétique des TIC, le pouvoir de l'utilisateur est considérable. Comme le soulignent les énergéticiens[2], c'est à une absence totale d'optimisation énergétique à laquelle nous avons affaire dans le domaine des TIC. Si Internet était un pays, il serait le 3e plus gros consommateur d'électricité au monde (derrière la Chine et les États-Unis). Les gains possibles sont absolument considérables, si tant est qu'une intervention étatique vienne réguler ce marché si prospère. Le secteur des TIC évolue quasiment sans contrainte. Tout se passe comme si l'État hésitait à réglementer les produits de ce marché toujours plus prometteur (les produits les plus convoités et les plus offerts à l'occasion des fêtes de fin d'année en France sont depuis quelques années les produits TIC : tablettes, téléphones portables, ordinateurs portables, jeux vidéo, objets connectés...).

Que peut faire le citoyen face à ces problèmes ? Attendre que l'État régule ? Décharger sa responsabilité sur celle des entreprises ou de l'État ? Demander à ce que soient mis sur le marché des produits « verts » ? Est-il suffisant de consommer du « vert » pour résoudre tous les problèmes ?

---

2. Enertech 2008.

Le « vert » fonctionne difficilement en raison de *l'effet rebond*[3] et de la notion de catégories de *changements* introduite par l'école de Palo Alto[4].

L'effet rebond montre, pour le cas de la consommation énergétique par exemple, que les économies énergétiques ne conduisent pas à une réduction, mais à une augmentation de la consommation (un individu acquérant un véhicule consommant moins d'essence aura tendance à rouler plus et au final ne consommera pas moins d'essence).

En l'absence de déterminisme technologique – de produit vert ou noir, bon ou mauvais – comment attribuer de valeur intrinsèque à l'outil ? Et si un produit « vert » n'avait de sens qu'entre les mains d'un consomm'acteur vertueux ?

Une tendance forte de la société actuelle consiste à s'en remettre aux progrès technologiques pour résoudre les maux planétaires. Or, sans le développement de la conscience, les progrès technologiques peuvent-ils aboutir aux effets escomptés ? Se focaliser uniquement sur le développement de produits verts est-il suffisant ?

Un produit vert, c'est bien ; une utilisation verte, c'est mieux.

Mais pour autant une telle utilisation verte est-elle suffisante ? La question mérite d'être posée car avec ou sans utilisation verte les acteurs demeurent toujours à l'intérieur d'un système en dysfonctionnement.

L'école de Palo Alto considère, face à un problème quelconque, deux types de changements : les faux changements (ou changement 1) et les vrais changements (ou changement 2).

Dans le changement 1, on s'agite beaucoup. On met en place des solutions. Mais quelles que soient ces solutions, on demeure à

3. Effet rebond bien souligné par Flipo *et al.* dans l'ouvrage au titre évocateur : *Peut-on croire aux TIC vertes ?* (2012), Hermès, Paris, 276 p.
4. Watzlawick P., Weakland J. et Fisch R. (1975), *Changements*, Éditions du Seuil.

l'intérieur du système qui dysfonctionne. Il est possible d'établir une analogie avec la théorie des groupes, qui stipule que toute combinaison d'éléments de ce groupe reste à l'intérieur du groupe. Ainsi, si l'on considère les heures sur une horloge, toute addition ou soustraction de ces heures demeure une heure qui reste à l'intérieur du groupe.

Dans le cas du changement 2, un « saut logique » doit être effectué pour sortir de la logique même du système en dysfonctionnement. L'analogie avec la théorie des types logiques est intéressante. L'axiome essentiel de cette théorie stipule que ce qui comprend tous les membres d'une collection ne peut être un membre de la collection. Ainsi, l'ensemble des livres de ma bibliothèque n'est pas un livre.

Imaginez. Vous rêvez. Vous déambulez en pyjama dans la rue – ce qui vous rend honteux – soudain poursuivi par un individu armé d'une hache fonçant vers vous à vive allure. Vous tentez de fuir, mais vous n'arrivez pas à commander vos muscles. Vos jambes, malgré tous vos efforts, ne répondent plus à vos ordres, tout mouvement s'effectue dans un ralenti inquiétant, alors que l'agresseur progresse inexorablement. Que faire pour vous sortir de cette situation ?

Tout d'abord, des exemples de changements 1 ou faux changements : saisir votre téléphone portable et tenter de joindre la police, hurler de façon à attirer l'attention et être secouru par des âmes charitables, héler un taxi, vous délester de votre bas de pyjama et l'utiliser comme une arme pour faire un croc-en-jambe à votre agresseur, etc., etc.

Tous ces « changements », toutes ces « actions », resteront toujours des « faux » changements, car quoi que vous entrepreniez, vous demeurerez à l'intérieur du système en dysfonctionnement.

Quel est l'unique « vrai » changement à appliquer dans cette situation ?

Vous réveiller, tout simplement.

Cela paraît simple une fois éveillé. Mais immergé dans le sommeil, on imagine la situation sans issue, par manque de conscience de l'état dans lequel on se trouve réellement, par manque de conscience de son pouvoir d'action. Le désespoir, la peur apparaissent. On subit. On ne parvient pas à penser « en dehors » de la boîte dans laquelle on est enfermé, « en dehors » du système dans lequel on s'imagine, à tort, emprisonné.

La solution du « vert » qui correspond à une logique de « développement durable » constitue un « faux » changement, puisque la logique du système en dysfonctionnement demeure intacte, non interrogée, voire renforcée.

Si le « vert » est *nécessaire*, il n'est cependant pas *suffisant*. Ce qui reste non interrogé, c'est la notion même de développement, la politique de croissance de la consommation, la culture de l'accumulation, l'absence de réflexion sur ses besoins...

Politique de croissance de la consommation	**Vert (« faux » changement ou politique de « Développement Durable »)**	**Vertu (« vrai » changement ou politique de « croissance de la conscience »)**
Renouveler son ordinateur régulièrement pour suivre les évolutions en matière de matériels et de logiciels.	Renouveler son ancien ordinateur (en état de marche) en le donnant à recycler, en favorisant l'achat d'un ordinateur « vert » avec écran de taille réduite. Éteindre son ordinateur lorsqu'il n'est pas utilisé.	Conserver son ordinateur jusqu'à sa fin de vie. Mener une véritable réflexion sur ses besoins en termes de logiciels et de matériels.

Politique de croissance de la consommation	Vert (« faux » changement ou politique de « Développement Durable »)	Vertu (« vrai » changement ou politique de « croissance de la conscience »)
Consommer des emballages, du plastique, etc.	Recycler les déchets.	Éliminer la pollution à la source. Supprimer la production si nécessaire.
Être dans la culture de l'accumulation.	Idem mais en se donnant bonne conscience par la consommation de produits « propres » ou « verts ».	Mener une réflexion sur ses besoins ; se libérer des injonctions des marchés ; retrouver l'autonomie ; être heureux de ce que l'on possède et le partager dans une relation conviviale.

Pour sortir du système en dysfonctionnement, il s'agit de passer du vert à la vertu : interroger ses besoins réels, sa relation aux objets, son manque d'autonomie et de liberté face aux injonctions des marchés, son emprisonnement mental dans des schémas de consommation routiniers, sa paresse, ses « petits arrangements » avec sa conscience.

Les notions de « vert » ou de « TIC vertes » sont-elles suffisantes dans le contexte d'une planète à l'agonie ? Aux simples « TIC », on ajoute « vertes » : est-ce une tentative de changer les mots à défaut de soigner les maux ? À l'image d'un pansement sur une jambe de bois, le développement du « vert » fonctionnera-t-il s'il n'est couplé à un développement de la conscience ?

Sans révolution autonome de la conscience, n'est-ce pas la planète qui risque de nous l'imposer ?

Pour sortir du rêve de la croissance et du développement, il n'y a guère le choix : il faut se réveiller.

Celui qui collabore dort et consomme, celui qui résiste veille et conspue.

« Science sans conscience n'est que ruine de l'âme », annonçait Rabelais... Quelques siècles plus tard, quelques milliers d'espèces en moins, quelques ppm[5] de CO_2 en plus, n'est-il pas temps de constater que « croissance sans conscience n'est que ruines et larmes » ?

5. La concentration de CO_2 se mesure en parties pour million (ppm).

Postface

Ouvrir les yeux et prendre le risque de tourner le regard vers l'intérieur

L'humanité est confrontée à une épidémie de myopie sans précédent.

Si actuellement un tiers de la population mondiale est myope, ce chiffre devrait atteindre 52 % en 2050 selon l'OMS[1].

Les troubles de la vision se développent généralement durant l'enfance et l'adolescence. Actuellement, en Asie de l'Est, où la population est la plus touchée, 80 à 90 % des jeunes sortants du lycée souffrent de myopie[2].

Si la progression de la myopie en général est alarmante, c'est également l'augmentation de la « forte » myopie (au-delà de – 6 dioptries) qui inquiète les chercheurs du monde entier, car les

1. World Health Organization (2015), « The Impact of Myopia and High Myopia », Report of the Joint World Health Organization and Brian Holden Vision Institue, 40 p.
2. Morgan I.G., Ohno-Matsui K. and Saw S.M. (2012), « Myopia », *The Lancet*, vol. 379, p. 1739-1748.

personnes atteintes de cette intensité de myopie (20 millions en Europe) sont exposées à des risques graves de dégradation de la vue, pouvant conduire à la cécité.

Graphique 7 : Estimation du nombre de personnes atteintes de myopie dans le monde (en milliards) entre 2020 et 2050 (d'après l'étude de référence de Holden *et al.*[3], en partenariat avec l'OMS)

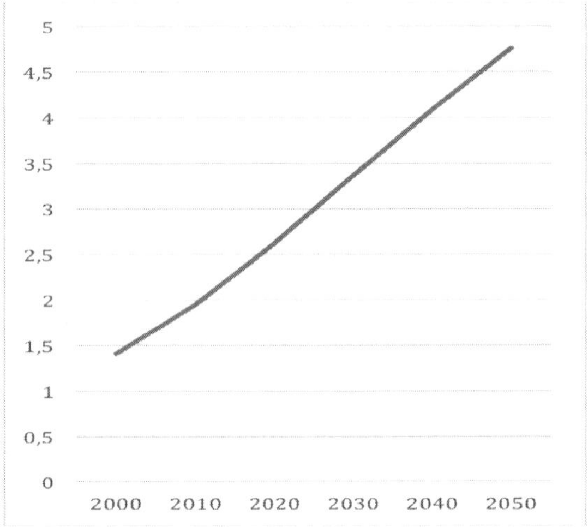

L'utilisation accrue d'outils numériques, associée au manque de lumière naturelle, est évidemment en cause[4]. 75 % des Étasuniens qui utilisent au moins deux écrans simultanément présentent des symptômes de fatigue oculaire (vision floue, inconfort...)[5].

L'épidémie de myopie touche principalement les enfants, dont le mode de vie s'est considérablement différencié de celui des

3. Holden B.A. *et al.* (2016) « Global Prevalence of Mypia and High Myopia and Temporal Trends from 2000 through 250 », *Ophtalmology*, vol.123, n° 5, mai 2016, p. 1036-1042.
4. Cavanagh M. (2016), « La myopie, un fléau mondial et ses conséquences », *International Review of Ophtalmic Optics*, n° 73, automne 2016, p. 49-54.
5. The Vision Council (2016), « Eyes Oerexposed : The Digital Device Delemna », 2016 Digital Eye Strain Report.

générations précédentes. Leur périmètre de déplacement s'est raccourci. Ils sont plus confrontés à la sédentarité et moins exposés à la lumière naturelle, sont soumis à l'omniprésence des écrans, et, par voie de conséquence, dorment moins (malgré les recommandations des pédiatres, innombrables sont les enfants qui utilisent des écrans dans l'heure précédent le coucher, et ceux qui dorment avec des outils numériques dans leur chambre, rendant l'endormissement plus difficile[6]).

Entre 8 et 12 ans, les enfants étasuniens passent 6 heures par jour devant les écrans pour des usages récréatifs. Après 12 ans, le temps d'exposition augmente considérablement : entre 13 et 18 ans, ils passent désormais en moyenne 9 heures par jour devant les écrans, et ce uniquement pour les usages récréatifs (sont exclus les usages en lien avec l'école, les devoirs...)[7].

Les écrans émettent une lumière bleue, particulièrement néfaste pour les plus jeunes. Plus l'enfant est exposé jeune aux écrans, plus il risque de développer des problèmes visuels.

L'association américaine de pédiatrie, qui souligne que l'exposition aux écrans dès le plus jeune âge ne cesse de croître, a étudié les risques associés à une surexposition aux écrans pour les enfants : obésité, dépression, troubles du sommeil, échec scolaire, exposition précoce au tabac, à l'alcool et au sexe, et problèmes relationnels[8].

Une autre recherche récente longitudinale approfondie (10 ans) menée auprès de 4 524 enfants étasuniens révèle que plus de

---

6. Common Sense, Rapport « 2017 The Common Sense Census : Media Use By Kids Age Zero to Eight », 64 p.
7. Selon l'enquête approfondie de l'ONG Common Sense qu'on trouve dans le rapport : « The Common Sense Census : Media Use By Tweens and Teens », Rapport, 104 p.
8. American Academy of Pediatrics (2016), « Media Use in School-Aged Children and Adolescents », *Pediatrics*, vol. 138, n° 5, novembre, 8 p.

2 heures d'exposition aux écrans appauvrit le développement cognitif des enfants[9].

« *Nous n'avons jamais eu autant de demandes de consultation pour des enfants, de plus en plus jeunes, avec des difficultés attentionnelles, des retards de parole ou de langage, des difficultés d'apprentissage...* », déplore Carole Vanhoutte, orthophoniste et cofondatrice de l'association Joue Pense Parle. La psychologue Sabine Duflo explique que l'exposition aux écrans affecte négativement trois champs chez l'enfant : la cognition, le langage et l'humeur[10]. Florence Lerouge, également cofondatrice de Joue Pense Parle, ajoute : « *Notre réflexion et les différentes études parues ces dernières années nous ont amenées aussi à questionner à nouveau les causes des retards importants observés chez nos patients en mettant en perspective l'utilisation croissante des écrans voire la surexposition de plus en plus généralisée, aussi bien chez l'enfant, l'adolescent que l'adulte/parent. Le constat a été sans appel, et à chaque fois que le temps d'exposition diminuait les progrès du patient étaient évidents (hors pathologie bien sûr) et il reprenait le chemin de l'évolution positive* ».[11]

Sans surprise, les inégalités, là aussi, font rage. Ainsi, un rapport de l'ONG Common Sense montre que les enfants entre 0 et 8 ans, aux États-Unis, sont plus ou moins exposés aux écrans en fonction du niveau de revenu du foyer (voir graphique 8). Si l'excès de poids aux États-Unis est lié au niveau de revenu et d'éducation, il en va de même pour l'excès d'écran : l'un et l'autre participent du même phénomène – entre autres – de capacité des acteurs à accéder à une information non biaisée par les lobbies.

9. Walsh J.J. *et al.* (2018), « Associations between 24 h movement behaviours and global cognition in US children : a cross-sectional observational study », *The Lancet – Child & Adolescent Health*, vol. 2, n°11, novembre 2018, p. 783-791.
10. « Quel est l'impact des écrans sur les enfants ? », émission radio de rfi.fr, consultable sur le site web de l'association « Joue Pense Parle ».
11. Lerouge F., *L'aventure Joue Pense Parle*, 9 décembre 2018, site web de l'association Joue Pense Parle.

Graphique 8 : Temps passé par les enfants entre 0 et 8 ans devant les écrans en fonction des revenus du foyer (États-Unis) d'après l'ONG Common Sense[12]

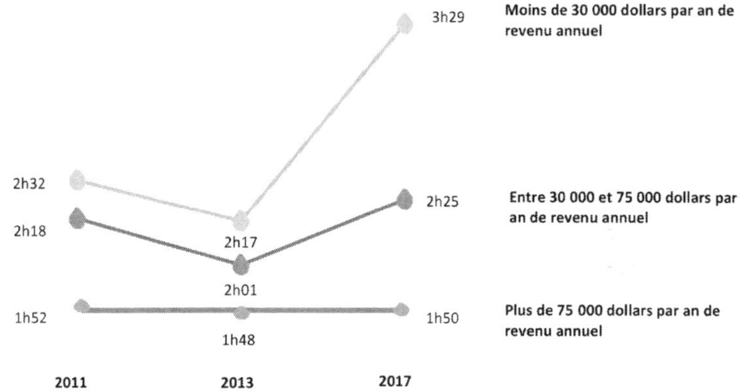

L'architecte envoie-t-il ses enfants vivre dans l'HLM hideux qu'il a dessiné ? Le patron de Marlboro offre-t-il des paquets de cigarettes à ses enfants pour Noël ? Les membres du Congrès favorables à la guerre en Irak déclenchée par George W. Bush, ont-ils envoyé leurs propres enfants au combat (sur 535 membres, un seul avait un fils engagé pour l'Irak)[13] ? Si les cadres supérieurs de la Silicon Valley protègent leurs enfants du numérique en finançant rubis sur ongle des écoles spécialisées, il y a fort à parier qu'ils les préservent également des écrans dans la sphère privée. Dans le rapport de l'ONG Common Sense, on montre que, aux États-Unis, la connaissance des méfaits des écrans diffusée par les pédiatres est bien plus importante chez les parents appartenant à la population blanche, éduquée et aux revenus élevés, que dans les tranches de populations non caucasiennes, moins éduquées et aux revenus modestes.

Fracture sociale et fracture numérique se rejoignent : aux plus faibles la malbouffe et les écrans sans modération, aux plus forts le bio et l'éducation raisonnée à l'abri des écrans…

12. Common Sense, Rapport « 2017 The Common Sense Census : Media Use By Kids Age Zero to Eight », 64 p.
13. Moore M. (2004), *The Official Fahrenheit 9/11 Reader*, Penguin Books, p. 125, 343 p.

Les faibles courbent encore plus l'échine, au plus près des écrans...

Une personne sur dix dans le monde risque de perdre définitivement la vue d'ici 2050[14]. La santé publique est affectée dans le monde entier, mais dans les régions moins développées où les systèmes de santé sont défectueux, ce sont surtout les laissés pour compte qui risquent de ne pouvoir accéder aux soins et vivre avec la vue basse. Dans certaines régions du monde il est déjà plus facile de se procurer un iPhone de bonne qualité au marché noir, qu'une paire de lunettes adaptée à sa vue.

L'homme moderne avait déjà tendance à se couper de lui-même. Il avait déjà tendance à moins voir, à moins sentir, à moins utiliser ses sens, à abandonner son corps pour aller s'installer tout entier dans sa tête.

Le numérique renforce cette tendance.

Pourquoi ne faisons-nous rien, ou presque, face au dérèglement climatique et aux défis majeurs auxquels sont confrontés la planète ?

Parce que nous sommes coupés de la Nature, coupés de la planète, coupés des autres espèces, coupés de l'environnement, coupés des autres, et même... coupés de nous-mêmes, coupés du *soi*. Nous ne sentons plus les autres, nous ne faisons pas suffisamment preuve d'empathie, nous ne sentons pas la souffrance de la planète.

Les temps industriels ont favorisé cette coupure, le numérique peut la renforcer comme jamais auparavant. Il n'a jamais été autant possible de s'isoler derrière un casque de réalité virtuelle, d'oublier qu'il existe un « extérieur », d'oublier qu'il existe des *vrais gens*... et aussi et surtout : d'oublier que l'on existe, soi !

14. Holden B.A. *et al.* (2016) « Global Prevalence of Mypia and High Myopia and Temporal Trends from 2000 through 250 », *Ophtalmology*, vol.123, n° 5, mai 2016, p. 1036-1042.

Pourquoi l'être se coupe-t-il ? Pour ne pas souffrir, ou plutôt pour ne pas avoir à affronter la souffrance, à la regarder en face. Les stratégies sont nombreuses : déni, se mentir à soi-même, alcool, drogues, médicaments... Une autre stratégie émerge depuis peu : le numérique, à travers l'utilisation d'outils à outrance, l'addiction aux TIC étant tout autant ravageuse que l'addiction aux autres drogues. Les TIC peuvent alors aider à actionner la guillotine qui tranche l'individu en deux au niveau du cou, abandonnant son corps et son cœur, vivant tout entier dans sa tête.

L'être humain, coupé de lui-même, et par voie de conséquence des autres et de la planète, peut alors leur infliger toutes sortes de supplices, comme il s'en inflige à lui-même.

Ainsi, pour prendre soin des autres et de la planète, il s'agit avant tout de commencer par se soigner, soi, de développer sa conscience, de ré-apprendre à sentir. Car si on se coupe de sa propre souffrance, alors on ne sent plus la Terre en souffrance, et on peut continuer à la mutiler en toute impunité. Par contre, si on se ré-approprie sa conscience, si on prend le risque de sentir sa douleur, de la vivre, de l'expérimenter, alors on ne peut plus être insensible à la souffrance de l'autre, et à celle de l'environnement.

Pour prendre conscience de l'environnement, il faut commencer par se connaître, soi, réapprendre à sentir et ne plus seulement comprendre intellectuellement, retrouver l'unité, pour ne plus séparer et ne plus se sentir séparé.

Sans conscience, point de liberté. On peut être conscient de ne pas être libre, mais on ne peut pas être libre sans être dans la conscience.

La conscience de soi est une quête de liberté, d'émancipation de la condition humaine, par la prise de conscience de l'aliénation à son seul mental lorsqu'il est coupé de certains canaux sensoriels.

Sans reliance, nous allons dans le mur. Le réductionnisme cartésien ravageur a fait son temps, il est plus qu'urgent de *penser* et *sentir* la complexité[15], de se relier à soi, aux autres et à l'environnement, de créer des ponts plutôt que d'ériger des murs, d'oser regarder au large, d'oser l'altérité, et surtout, d'oser aller vers le plus grand inconnu qui soit : le soi.

Ce ne sont pas les outils numériques qui peuvent nous y aider, ils ne sont pas conçus à cet effet. Pour aller vers ce continent, sortons de l'aveuglement, ouvrons grand les yeux et tournons le regard vers l'intérieur.

Tant qu'il en est encore temps, tant que notre vision est encore à peu près claire, faisons preuve de discernement, en laissant le numérique à sa juste place, en refusant la domination, en continuant à interroger ses dogmes, en évitant la posture du croyant ; à l'instar de l'athée, soyons aTIC.

15. Entendue au sens de la méthode érigée par Edgar Morin, qui offre les clés pour appréhender et vivre au monde de la façon la plus authentique et éthique possible.